KLEEBLATT

Bayern

Das Lesebuch 3

Schroedel

KLEEBLATT

Das Lesebuch
Jahrgangsstufe 3

Herausgegeben von
Wolfgang Menzel

Erarbeitet von
Adelheid Böttger
Wolfgang Menzel
Edeltraud Schauer
Sigrid Scheel
Helga Schön
Ursula Schwarz

Für Bayern bearbeitet von
Elvira Gürtner
Marion Handschu-Dietrich
Barbara Jenkner
Marina Lindner
Waltraud Meier
Sabine Raith
Susanne Riedel
Hubert Schmitt
Monika Steinmann

Beratende Mitarbeit:
Bernd Ganser

Illustration:
Angelika Çıtak
Maren Briswalter, Michael Schober

Umschlaggestaltung:
Angelika Çıtak

Dieses Werk folgt der reformierten Rechtschreibung und Zeichensetzung 2006.
Ausnahmen bilden Texte, bei denen künstlerische, philologische oder lizenzrechtliche Gründe einer Änderung entgegenstehen.

Druck B [1] / Jahr 2007
Alle Drucke der Serie B sind im Unterricht parallel verwendbar.

Satz und Repro: UMP Utesch Media Processing GmbH, Hamburg
Druck und Bindung: Westermann Druck GmbH, Zwickau

ISBN 978-3-507-**40803**-6

Inhalt

Ich bin ich — 47

Miteinander leben — 57

Streiten und Versöhnen — 75

Tiere — 83

Unser Land in Europa 163

A ...wie Anfang

Lesen üben

So hießen Kinder früher

Adelgunde
Balthasar
Clementine
Dragomar

Emil, Else
Friederich
Genoveva
Hedewig

Ida, Igor
Jonathan
Klara, Käthe
Luzian

Margot, Martha
Nicola

Olga, Olf
Prudentia

Quintus, Quirin
Rodewald
Seraphine
Theobald

Ubbo, Ulf
Viktoria
Wieland, Wilhelm
Xenia
Yolanthe – und
Zäzilia

Die Namen in unserer Klasse

Anne singt,
Benita springt,
Christian pustet,
Daniel hustet,
...

1 Welche der früheren Namen sind wohl Mädchen-, welche Jungennamen?

2 Könnt ihr über die Namen in eurer Klasse ein lustiges Gedicht machen?

Immer längere Wörter lesen

Das längste Wort der Sprache

Wolfgang Menzel

Das längste Wort in unserer Sprache bezeichnet einen
Kapitän.
Da dieser Kapitän, wie es sich für Kapitäne gehört,
auf einem Schiff fährt,
ist er ein richtiger
Schifffahrtskapitän.
Das Schiff ist aber kein gewöhnliches Schiff,
sondern ein echtes Dampfschiff.
Deswegen ist unser Kapitän
Dampfschifffahrtskapitän.
Die Schiffe des Kapitäns gehören
einer Gesellschaft an der Donau.
Und deswegen heißt dieser Kapitän
Donaudampfschifffahrtsgesellschaftskapitän.
Und weil diese Schiffe bis zur
oberen Donau hinauffahren,
lautet die vollständige Bezeichnung für unseren Kapitän:
Oberdonaudampfschifffahrtsgesellschaftskapitän.

Wie aber die Kollegen dieses Kapitäns heißen, die auf der Isar, der Elbe, der Oder oder gar auf dem Amazonas oder dem Mississippi fahren, das könnt ihr euch selbst ausdenken.

1 Lest diesen Text reihum. Jedes Kind liest einen Absatz vor.

2 Probiert dann dasselbe einmal mit anderen Flussnamen aus.

Immer längere Sätze lesen

Bleibarts letzter Ritt

Susanne Riedel

Vor der Mauer rund ums Schloss
bockte Ritter Bleibarts Ross.
Der Ärmste stürzte von der Brüstung
und verbeulte sich die Rüstung.

Vor der Mauer rund ums mächtige Schloss
bockte Ritter Bleibarts klappriges Ross.
Der Ärmste stürzte von der morschen Brüstung
und verbeulte sich die rostige Rüstung.

Vor der Mauer rund ums mächtige, eiserne Schloss
bockte Ritter Bleibarts klappriges, scheckiges Ross.
Der Ärmste stürzte von der morschen, wackeligen Brüstung
und verbeulte sich die rostige, knarzende Rüstung.

Vor der Mauer rund ums mächtige, eiserne, düstere Schloss
bockte Ritter Bleibarts klappriges, scheckiges, lahmendes Ross.
Der Ärmste stürzte von der morschen, wackeligen, alten
Brüstung
und verbeulte sich die rostige, knarzende, kampferprobte
Rüstung.

Kein Arzt hat ihn kuriert,
drum war er ruiniert.
Jetzt liegt der Ritter brav im Bett,
das Pferd, es steht im Stall, wird fett.

1 Lest diesen Text reihum. Jedes Kind liest eine Strophe.
Einige Kinder sollten aber auch die ganze Geschichte vorlesen.

2 Wie stellt ihr euch einen Ritter vor?
Vergleicht eure Vorstellungen mit Bleibart.

Die richtigen Pausen machen

Zehn Finger

Wolfgang Menzel

Zehn Finger hab' ich an jeder Hand
sind es, richtig gezählt,
fünf und zwanzig Finger
und Zehen sind es zusammen
– wenn keine fehlt.
Zehn Zehen hab' ich an jedem Fuß
sind es, richtig gezählt,
fünf und zwanzig Zehen
und Finger sind es zusammen
– wenn keiner fehlt.

Nur einen Daumen

Wolfgang Menzel

Ich habe nur einen Daumen
an jeder Hand auf meinen Beinen
kann ich gehen mit meinen Augen
kann ich sehen in meinem Kopf
ist viel Verstand auf meinen Füßen
kann ich flitzen auf meinem Bauch
– ja, auf meinem auch –
hab' ich meinen Bauchnabel sitzen.

1 Das sind Texte, in denen viele Kommas fehlen.
Lest sie zuerst einmal so vor, wie sie abgedruckt sind.
Macht nach jeder Zeile eine Pause. Das klingt komisch!

2 Und nun macht beim Vorlesen dort Lesepausen,
wo sie hingehören.

3 Ihr könnt die Gedichte auch aufschreiben.
Dort, wo eine Pause ist, setzt ihr ein Komma.

Richtig betonen

Ich habe einen großen Hund

Wolfgang Menzel

Hast du zu Hause
eine Katze?
Nein, ich habe
einen großen Hund!
Gehört dir dieser
klitzekleine Hund da?
Nein, ich habe
einen großen Hund!

Möchtest du ein Brötchen
mit Marmelade?
Nein, ich möchte ein Brötchen
mit Leberwurst!
Möchtest du eine Scheibe Brot
mit Leberwurst?
Nein, ich möchte ein Brötchen
mit Leberwurst!

Fährst du mit Toni
zum Sportplatz?
Nein, ich fahre mit
Sascha zum Sportplatz!
Fährst du mit Sascha
in die Stadt?
Nein, ich fahre mit
Sascha zum Sportplatz!

Trinkst du morgens immer
Kaffee?
Nein, ich trinke morgens
Kakao!
Trinkt deine Schwester
morgens Kakao?
Nein, ich trinke morgens
Kakao!

Streitest du dich oft
mit Tim?
Nein, Tim ist mein
bester Freund!
Den Oliver magst du wohl
aus deiner Klasse am liebsten?
Nein, Tim ist mein
bester Freund!
Tim ist jetzt wohl Olivers
bester Freund?
Nein, Tim ist mein
bester Freund!

1 Lest mit einem Partner oder einer Partnerin immer einen Absatz:
Einer fragt, einer antwortet.
Merkt ihr, dass man die Sätze rechts
immer etwas anders betonen muss?

Lesen mit richtiger Betonung

Was Kinder brauchen

Wolfgang Menzel

Kinder brauchen Platz zum Spielen, |
einen Ort, | sich wohl zu fühlen, |
Platz zum Träumen und zum Lachen |↗
und | um richtig | Krach zu machen. ||

Kinder brauchen auch zuzeiten ↗
Möglichkeiten, | sich zu streiten,
wenn man mal so recht in Wut ist. ||
Aber keiner mag den Hass. ||
Alle woll'n am liebsten, dass |↗
nach dem Streit | man wieder gut ist. ||

Kinder brauchen nichts zum Weinen. ||
Kinder mögen sehr gern einen, ↗
der, | was er verspricht, | auch hält. ||
Kinder brauchen Taschengeld. ||

Kinder brauchen gute Lehrer, |
Aufgaben, | mal leicht, | mal schwerer, |
brauchen für das Lernen Zeit. ||
Kinder woll'n Gerechtigkeit.
Vor allem, | dass es einen gibt |↗
– der sie liebt. ||

1 Wenn du ein Gedicht so vorlesen willst, dass andere Spaß daran haben, dann musst du auf die richtige Betonung achten. Die Betonungszeichen geben dir dafür Hilfen.
Die unterstrichenen Wörter zeigen dir, was du betonen solltest.
Du solltest auch Pausen machen und nicht zu schnell lesen.
Bei kurzen Pausen steht ein Strich. | Bei längeren Pausen stehen zwei Striche. || Der Pfeil ↗ sagt dir,
dass du hier die Stimme nicht absinken lassen darfst.

2 Übt das Gedicht zu zweit, damit ihr es gut vorlesen könnt.

Verse mit B und K lesen

Buchstabenfamilie mit B

Wolfgang Menzel

Wer bummelt da im Zoo umher?
Das ist mit **B** Familie Bär.
Die ◯ärenbabys ◯ob und ◯ill,
die ◯algen sich, denn jeder will
den ◯esten ◯issen Futter.
◯edrohlich ◯rummt die ◯ärenmutter!
Dem ◯ärenvater wird's zu ◯unt,
dem ◯ärenvater wird's zu laut,
er macht den ◯ärenbuckel rund
und legt sich auf die ◯ärenhaut.

Buchstabenfamilie mit K

Wolfgang Menzel

Das ist Familie Krakelmann,
mit **K** beginnt ihr Name.
Der Vater, der heißt ◯ilian,
die Mutter ◯äthe ◯rakelmann,
die ◯inder ◯laus und ◯unigund,
und ◯aro heißt ihr Hund.
Der Vater isst gern ◯abeljau,
den muss die Mutter ◯ochen.
Die ◯unigunde trinkt ◯akao,
der ◯laus verspeist ein ◯albskotelett
– und ◯aro ◯riegt den ◯nochen.

1 Lest diesen Text, ohne zu üben, einmal vor.
Könnt ihr alle Wörter gleich richtig vorlesen?

2 Beim zweiten Lesen geht es sicher schon viel besser.

Plong

Adelheid Böttger

Sebastian macht Schularbeiten. Er soll über ein lustiges Erlebnis berichten. Dabei kommen ihm die seltsamsten Gedanken. Wie alle Dinge wohl zu ihrem Namen gekommen sind? Weshalb heißt eine Banane Banane, eine Lokomotive Lokomotive, der Himmel Himmel? Was wäre, wenn alle Dinge den gleichen Namen hätten? Sebastian stützt den Kopf in die Hände. Draußen ist es ganz dunkel geworden, und es donnert leise. Er denkt: Die Plong ist hinter dicken grauen Plongs verschwunden. Gleich wird es ein Plong geben. Da, der erste Plong zuckt über den Plong, und ein langer Plong grollt hinterher. Nun geht das Plong richtig los. Der Plong prasselt vom Plong herunter, ein greller Plong nach dem anderen leuchtet auf. Jedesmal danach knattert und poltert der Plong. So rasch, wie es gekommen war, ist das Plong auch wieder vorbei. Die Plong guckt bereits hinter den letzten Plongs hervor und überstrahlt alles hell und freundlich. Sebastian lacht vor sich hin: „Nun werde ich meine Plongs und Plongs ausziehen, auf die Plong rennen und in den großen Plongs herumspritzen, die jetzt dort sind.“ Dann klappt er sein Heft zu und flüstert: „Für die Plongs habe ich später noch Zeit genug!“

1 Lest die Geschichte zuerst so, wie sie da steht. Beim zweiten Lesen könnt ihr sicher die passenden Wörter für „Plong“ einsetzen.

Was stimmt hier nicht?

Buntspecht

Monika Steinmann

Der Buntspecht trägt ein schwarzweißes Federkleid.
Unter dem Schwanz ist er rot gefärbt.
Das Männchen ist auch im Nacken rot.
Wie auf eine Trommel hämmert er
mit seinem weichen Schnabel schnell auf Holz.
So hackt er seine Höhlen in geschädigte oder
abgestorbene Stellen an Bäumen oder Autos.
Der Buntspecht ernährt sich von Kaugummi, Larven
und Käfern. Aus Zapfen von Nadelbäumen holt er
die Samen heraus und knackt Nüsse und Kaffeelöffel.
Im Winter besucht er gerne Kinderzimmer und Vogelhäuschen.
Dort pickt er Sonnenblumenkerne und Nüsse.

Eichhörnchen

Beate Günther

Das Eichhörnchen ist ein flinkes und munteres Nagetier.
Es sieht lustig aus, wenn es auf seinen Hinterbeinen sitzt
und in den Vorderfüßchen eine Nuss hält.
Eichhörnchen haben einen langen, buschigen Schwanz
und an den Ohren kleine Haarbüschel und Glöckchen.
Ihr Fell kann fuchsrot, braun, schwarz oder kariert sein.
Eichhörnchen werden etwa 25 cm schwer.
Sie können gut auf Bäumen herumklettern,
können weite Sprünge machen und fliegen.
Ihre Nahrung sind Nüsse und die Samen in den Tannenzapfen.

1 Lest diese beiden Texte leise durch.

2 Sucht die Fehler heraus, die darin versteckt sind.
Im ersten Text sind es fünf, im zweiten vier!

Lesen mit immer anderer Stimme

In dem Schilf ein junger Schnak

Barbara Rhenius

In dem Schilf ein junger Schnak
hört es laut – dort macht es Quak.

In dem Schilfus junger Schnakus
hört es lautus – machtus Quakus.

In dem Schilfchen junges Schnakchen
hört es lautchen – machtchen Quakchen.

In dem Schilfum junger Schnakum
hört es lautum – machtum Quakum.

In dem Schilfle junges Schnakle
hört es lautle – machtle Quakle.

In dem Schilfoli junger Schnakoli
hört es lautoli – machtoli Quakoli.

In dem Schilftschi junger Schnaktschi
hört es lautschi – machtschi Quaktschi.

In dem Schilfesten junger Schnakesten
hört es lautesten – machtesten Quakesten.

In dem Schilfmatsch junger Schnakmatsch
hört es lautmatsch – machtmatsch Quakmatsch.

In dem Schilfquak junger Schnakquak
hört es lautquak – machtquak Quakquak.

1 Lest die einzelnen Verse reihum.
Gebt eurer Stimme immer einen etwas anderen Klang:
laut, leise, ängstlich, weinerlich, lachend, hexig, müde, niesend, …

Janusz Grabianski: Die Bremer Stadtmusikanten (1962).

Märchenteile ordnen

Die Bremer Stadtmusikanten

Nach den Brüdern Grimm

A So gingen die zwei mitsammen weiter, bis sie eine Katze trafen. Die schaute traurig drein, denn ihre Frau hatte sie fortgejagt, da sie für die Mäusejagd nicht mehr taugte. „Komm mit uns nach Bremen und werde mit uns Stadtmusikant.“ Die Katze hielt das für gut und ging mit.

B Die Räuber meinten bei dem Geschrei, ein Gespenst käme zum Fenster hinein. Sie flohen in den Wald und getrauten sich nie mehr zurück. Die Tiere aber setzten sich an den Tisch, und jeder aß nach Herzens Lust, was ihm am besten schmeckte. So gut war es ihnen lange nicht mehr ergangen. Ihr neues Haus gefiel ihnen so gut, dass sie nicht wieder hinaus wollten.

C Es war einmal ein alter Esel, dessen Herr wollte ihn weggeben, da er für die Arbeit zu alt geworden war. Der Esel sprach bei sich: „Ich will fortlaufen und in Bremen Stadtmusikant werden.“

D Nach einer Weile begegneten sie einem Hahn, der um sein Leben krähte, denn am Sonntag sollte er in der Suppe enden. „Etwas Besseres als den Tod findest du überall. Komm lieber mit uns nach Bremen und werde Stadtmusikant.“ Dem Hahn gefiel der Vorschlag, und sie gingen alle vier mitsammen fort.

E In der Nacht kamen sie an ein Haus, in dem Räuber ein Festmahl hielten. Da stellte sich der Esel mit den Vorderfüßen auf das Fenster, der Hund sprang auf des Esels Rücken, die Katze kletterte auf den Hund, und der Hahn flog der Katze auf den Kopf. Dann machten sie Musik: Der Esel schrie, der Hund bellte, die Katze miaute, und der Hahn krähte.

F Nach einer Weile begegnete ihm ein Jagdhund. Der war aus Angst vor seinem bösen Herrn fortgelaufen und heulte jämmerlich. „Hör auf zu jaulen! Komm lieber mit mir nach Bremen und werde Stadtmusikant.“ Das gefiel dem Hund gut.

1 In diesem Märchen sind die einzelnen Absätze durcheinandergewirbelt. Versucht, die richtige Reihenfolge wiederherzustellen.

Ein Märchen weitererzählen

Der goldene Schlüssel

Brüder Grimm

Zur Winterszeit, als einmal ein tiefer Schnee lag, musste ein armer Junge hinausgehen und Holz auf einem Schlitten holen. Wie er es nun zusammengesucht und aufgeladen hatte, wollte er, weil er so erfroren war, noch nicht nach Haus gehen, sondern erst Feuer anmachen und sich ein bisschen wärmen. Da scharrte er den Schnee weg, und wie er so den Erdboden aufräumte, fand er einen kleinen goldenen Schlüssel. Nun glaubte er, wo der Schlüssel wäre, müsste auch das Schloss dazu sein, grub in der Erde und fand ein eisernes Kästchen. „Wenn der Schlüssel nur passt!“, dachte er. „Es sind gewiss kostbare Sachen in dem Kästchen.“ Er suchte, aber es war kein Schlüsselloch da, endlich entdeckte er eins, aber so klein, dass man es kaum sehen konnte. Er probierte, und der Schlüssel passte glücklich. Da drehte er einmal herum, und nun müssen wir warten, bis er vollends aufgeschlossen und den Deckel aufgemacht hat, dann werden wir erfahren, was für wunderbare Sachen in dem Kästchen lagen.

Es dauerte sehr, sehr lange, bis der Junge
das Kästchen öffnen konnte.
Nach einer Weile aber sprang der Deckel auf ...

1 Erzähle das Märchen weiter.
Es könnte glücklich ausgehen – oder lustig oder traurig.

Eine Geschichte umerzählen

Die Geschichte vom Jungen mit den scharfen Augen

Ursula Wölfel

Ein Junge hatte so scharfe Augen, dass er mit einem Blick eine Scheibe Brot abschneiden konnte. Er brauchte sich auch nie die Nägel zu schneiden. Einmal hinsehen genügte. Wenn er sich Mühe gab, konnte er mit seinen scharfen Augen sogar Bretter sägen. Seine Familie fand das sehr praktisch. Aber einmal stand der Junge am Fenster und sah die Leute auf der Straße zu genau an. Sämtliche Taschen und Mappen platzten auf. Eier, Bücher, Gemüse, Akten, Geld, Bierflaschen und Zeitungen fielen auf die Straße. Drei Hundeleinen waren sofort durchschnitten, und die Hunde stürzten wütend übereinander her. Eine Frau mit langen blonden Haaren hatte plötzlich nur noch Stoppeln auf dem Kopf, und einem dicken Mann rissen die Hosenträger. Außerdem fiel den Leuten auf dem Balkon gegenüber der Sonnenschirm in Fetzen in die Suppenteller, und ihr Wellensittich verlor alle Schwanzfedern. Seitdem trägt dieser Junge immer eine Sonnenbrille. Natürlich hat er jetzt oft lange schmutzige Fingernägel.

- *Ein Junge hatte eine so helle Stimme, dass er mit seinem Lachen alles ganz hell machen konnte …*
- *Ein Mädchen hatte eine so spitze Nase, dass es durch alle Dinge hindurchstechen konnte …*
- *Ein Junge hatte eine so lose Zunge, dass er mit ihr alles losmachen konnte …*
- *Ein Mädchen hatte so weiche Hände, dass alles, was es anfasste, ganz weich wurde …*

Bildwörter lesen

Die dicke Spinne Gundula

Regina Fuhrmeister

 Das ist der alte Schuppen.

 Das ist das Fenster vom .

 Das ist das Spinnennetz am  vom .

 Das ist die dicke Spinne Gundula.

Die  hat das 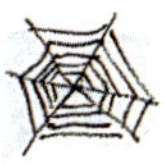 am  vom  gesponnen.

 Das ist die Lieblingsecke der .

Die  sitzt in ihrer  und ist hungrig.

 Das ist die Fliege Sumsebrumm.

Die  fliegt in das 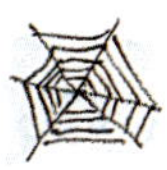 von der  im  vom .

Die  krabbelt aus ihrer 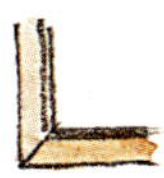 im  vom  zur  im 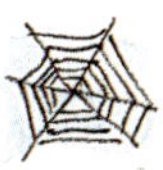 am  im .

Die  strampelt und zappelt ganz heftig und kann sich aus dem 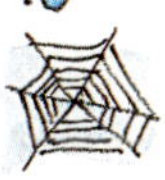 am  im  befreien.

Die  muss das ? am ? im ? reparieren und kehrt immer noch hungrig in ihre ? im  vom  zurück.

1 Setze für die Bilder und Fragezeichen Wörter ein.
Dann wird eine richtige Geschichte daraus.

Seltsamer Spazierritt

Johann Peter Hebel

Ein Mann reitet auf seinem Esel nach Haus
und lässt seinen Buben nebenherlaufen.

Kommt ein Wanderer und sagt:
„Das ist nicht recht, Vater, dass Ihr reitet
und lasst Euern Sohn laufen;
Ihr habt stärkere Glieder."

Da stieg der Vater vom Esel herab
und ließ den Sohn reiten.

Kommt wieder ein Wandersmann und sagt:
„Das ist nicht recht, Bursche, dass du reitest
und lässest deinen Vater zu Fuß gehen.
Du hast jüngere Beine."

Da saßen beide auf und ritten eine Strecke.

Kommt ein dritter Wandersmann und sagt:
„Was ist das für ein Unverstand,
zwei Kerle auf einem schwachen Tiere?
Sollte man nicht einen Stock nehmen
und euch beide hinabjagen?"

Da stiegen beide ab
und gingen selbdritt zu Fuß,
rechts und links der Vater und der Sohn
und in der Mitte der Esel.

... mit einem Bild vergleichen

Kommt ein vierter Wandersmann und sagt: „Ihr seid drei kuriose Gesellen. Ist's nicht genug, wenn zwei zu Fuß gehen? Geht's nicht leichter, wenn einer von euch reitet?"

Da band der Vater dem Esel die vorderen Beine zusammen, und der Sohn band die hinteren Beine zusammen. Sie zogen einen starken Baumpfahl durch, der an der Straße stand, und trugen den Esel auf der Achsel heim.

So weit kann's kommen, wenn man es allen Leuten will recht machen.

1 Was ist in der Geschichte anders als auf dem Bild?

2 Du kannst auch selbst ein Bild zu der Geschichte malen.

Eine Geschichte sehr genau lesen

Ein kleiner Wettkampf

Kathrin Lemke

Johanna, Alexander, Lisa, Klaus und Oliver wollten herausfinden, wer von ihnen am weitesten springen kann. Der Wettkampf fand auf dem Spielplatz in der Eilenriede statt. Da war eine große Sandkiste, und in die wollten sie springen. Als Erste von den fünf Kindern lief Lisa an. Sie sprang genau bis in die Mitte der Sandkiste. Der große Alexander mit den langen Beinen hatte schon vorher herumgetönt, dass er ganz sicher gewinnen werde. Als er aber loslief, stolperte er und fiel kopfüber in den Sand. Alle mussten lachen, und die kleine Johanna sprang vor lauter Freude noch ein Stück weiter als Lisa. Oliver schaffte es dann fast so weit wie Johanna. Und als Letzter war Klaus an der Reihe. Er nahm einen riesigen Anlauf und sprang tatsächlich fast bis in die Mitte der Sandkiste.
Und wer gewonnen hat, möchtet ihr wissen? Nun, dann müsst ihr vielleicht die ganze Geschichte noch einmal lesen.

1 Welches Bild gehört zu dieser Geschichte?

Gedichte-Werkstatt

1 Aus diesem Bildgedicht wird ein richtiges Gedicht,
wenn du für jede Farbe ein anderes Wort einsetzt:
für dieselbe Farbe immer dasselbe Wort,
für jede neue Farbe immer ein neues Wort.

Gedichte nach einem Gedicht aus Farben

Dackel
Dackel und Katze

Katze
Katze und Kaninchen

Dackel
Dackel und Kaninchen

Dackel und Katze und Kaninchen und
alle meine Tiere

Mareike

güneş
güneş ve kuş

kuş
kuş ve çiçek

güneş
güneş ve çiçek

güneş ve kuş ve çiçek ve
ilkbahar

Enes

Lesen
Lesen und Zuhören

Zuhören
Zuhören und Stillsitzen

Lesen
Lesen und Stillsitzen

Lesen und Zuhören und Stillsitzen und
endlich Pause

Charlotte

sun
sun and bird

bird
bird and butterfly

sun
sun and butterfly

sun and bird and butterfly and
blue sky

Fabian

1 Das sind Gedichte, die Kinder einer dritten Jahrgangsstufe nach dem Gedicht aus Farben geschrieben haben. Darunter ist auch eines in Englisch und in Türkisch. Schreibe auch einmal ein Gedicht nach diesem Muster. Denke dir dazu etwas aus – oder schreibe etwas, was du erlebt hast. Für jede Farbe musst du ein Wort wählen – und für dieselbe Farbe immer dasselbe Wort. Verbinde die Wörter dann mit dem Wörtchen *und*.

Ein Bildgedicht lesen und schreiben

Sabinchen spritzt den Fritz in der Hitze mit dem Schlauch

Barbara Rhenius

Wenn in der Sonne der Fritz in der Hitze schwitzt,
nimmt Sabinchen den Schlauch – und das Wasser spritzt.

Wenn im Wasser der Fritz in der Hitze schwitzt,
nimmt Sabinchen den Schlauch – und die Sonne spritzt.

Wenn im Schlauch der Fritz in der Hitze schwitzt,
nimmt Sabinchen die Sonne – und das Wasser spritzt.

Wenn im Schlauch die Hitze in dem Wasser schwitzt,
nimmt die Sonne Sabinchen – und der Fritze spritzt.

Wenn …

1 Dieses Scherzgedicht kannst du weiterdichten.
Jedes Namenwort darf aber immer nur einmal vorkommen!

Ein Gedicht aufschreiben

Der Wind

In allem Frieden
schlief abgeschieden
hinter der Hecke
der Wind.

Da hat ihn die Spitzmaus
– wie Spitzmäuse sind –
ins Ohr gezwickt.
Der Wind erschrickt,
springt auf die Hecke
fuchsteufelswild,
brüllt,
packt einen Raben
beim Kragen,
rast querfeldein
ins Dorf hinein,
schüttelt einen Birnbaum beim Schopf,
reißt den Leuten den Hut vom Kopf,
schlägt die Wetterfahne herum,
wirft eine Holzhütte um,
wirbelt den Staub in die Höhe:
wehe,
der Wind ist los!

Josef Guggenmos

Gewitterlied

James Krüss

Schwarz sind die Wolken.
Ein erster Blitz.
Die Hähne krähen
so schrill und spitz.

Die Vögel zittern
und sind so stumm.
Da rollt der Donner:
rummbumm, rummbumm!

Mit Blitz und Regen
und Wolken schwer
braust das Gewitter
von Westen her.

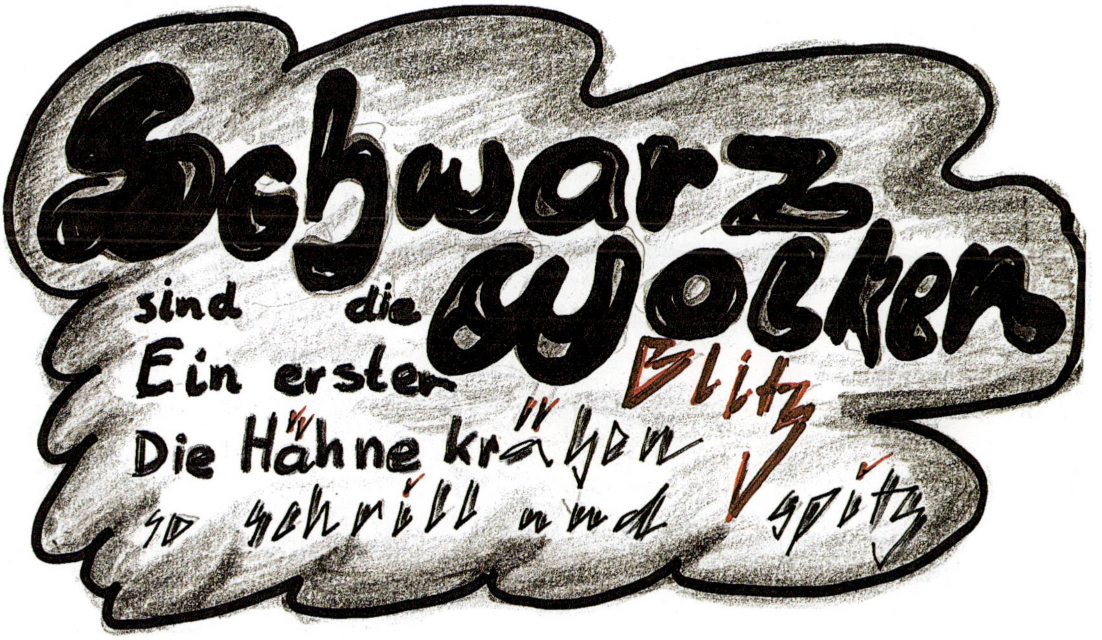

Reime einsetzen

Die Feder

Joachim Ringelnatz

Ein Federchen flog über Land;
Ein Nilpferd schlummerte im ____ .

Die Feder sprach: „Ich will es wecken“;
Sie liebte, andere zu ____ .

Aufs Nilpferd setzte sich die Feder
Und streichelte sein dickes ____ .

Das Nilpferd öffnete den Rachen
Und musste ungeheuer ____ .

Haut

Wasser

verstecken

ärgern

lachen

Leder

Sand

Fell

necken

krachen

kichern

1 Aus diesem Gedicht sind einige Reime herausgepurzelt.
Suche dir von den Wörtern diejenigen aus,
die am besten hineinpassen.

Reime einsetzen

Gewitter

Erwin Moser

Der Himmel ist blau
Der Himmel wird
Wind fegt herbei
Vogelgeschrei
Wolken fast schwarz
Lauf, weiße Katz!
Blitz durch die
Donnergebrülle
Zwei Tropfen im Staub
Dann Prasseln auf
Regenwand
Verschwommenes
Blitze tollen
Donner
Es plätschert und platscht
Es trommelt und
Es rauscht und klopft
Es braust und
Eine Stunde lang
Herrlich bang
Dann Donner schon fern
Kaum noch zu hör'n
Regen ganz fein
Luft frisch und
Himmel noch grau
Himmel bald !

1 Setze die passenden Wörter in das Gedicht ein. Beachte aber: Es passen nicht alle.

Die Gedichte

Für das Farbengedicht
auf Seite 29 gibt es ein
berühmtes Vorbild.

Es ist ein Gedicht
in spanischer Sprache:

avenidas

Eugen Gomringer

avenidas
avenidas y flores

flores
flores y mujeres

avenidas
avenidas y mujeres

avenidas y flores y mujeres y
un admirador

Und so heißen die Wörter:
avenidas: Straßen
flores: Blumen
mujeres: Frauen
y: und
un admirador:
einer, der das alles bewundert.

Die Feder

Joachim Ringelnatz

Ein Federchen flog über Land;
Ein Nilpferd schlummerte im Sand.

Die Feder sprach: „Ich will es wecken“;
Sie liebte, andere zu necken.

Aufs Nilpferd setzte sich die Feder
Und streichelte sein dickes Leder.

Das Nilpferd öffnete den Rachen
Und musste ungeheuer lachen.

Gewitter

Erwin Moser

Der Himmel ist blau
Der Himmel wird grau
Wind fegt herbei
Vogelgeschrei
Wolken fast schwarz
Lauf, weiße Katz!
Blitz durch die Stille
Donnergebrülle
Zwei Tropfen im Staub
Dann Prasseln auf Laub
Regenwand
Verschwommenes Land
Blitze tollen
Donner rollen
Es plitschert und platscht
Es trommelt und klatscht
Es rauscht und klopft
Es braust und tropft
Eine Stunde lang
Herrlich bang
Dann Donner schon fern
Kaum noch zu hör'n
Regen ganz fein
Luft frisch und rein
Himmel noch grau
Himmel bald blau!

Theater-Werkstatt

Sur le pont d'Avignon

Text und Melodie:
aus Frankreich überliefert

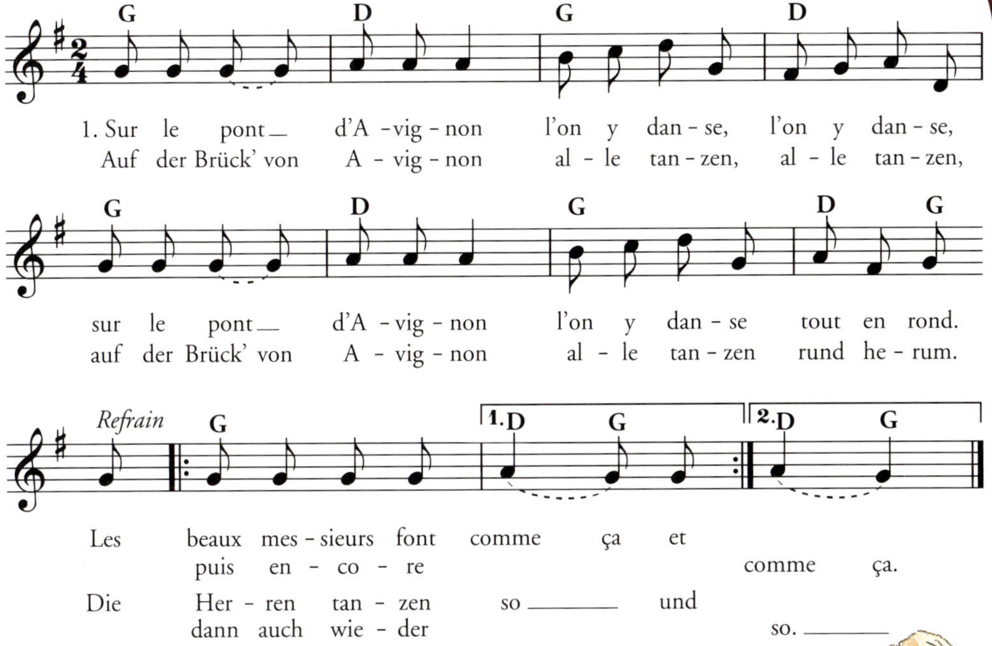

Die Damen tanzen so –
und dann wieder so.
Der …, der tanzt so …
Die … tanzt so …

Ein Theaterstück aus einer Geschichte

Die fünf Handwerksburschen auf Reisen

Paul Zaunert

Da zogen einstmals fünf Handwerksburschen aus einem Orte zusammen auf die Wanderschaft. Sie hatten sich gegenseitig versprochen, dass sie sich nicht voneinander trennen wollten.

Als sie nun schon ein gut Stück Weges gegangen waren,
fiel's dem einen plötzlich ein, ob sie auch wohl noch
alle fünf beisammen wären,
und er sagte es seinen Kameraden.

Da standen sie alsbald still, und der eine fing an zu zählen: „Ich bin ich, eins, zwei, drei, vier!“ Ach, wie erschraken sie da, als einer fehlte! Sie zählten nun einer nach dem andern und brachten nur immer vier heraus:
„Ich bin ich, eins, zwei, drei, vier!“

Da kam ein Fremder daher und fragte, was sie hätten. Sie sagten's ihm und baten, er sollte doch suchen helfen. Der Mann aber rief, sie sollten alle ihre Nasen einmal in den Sand stecken und dann die Löcher zählen. Das taten sie, und da kamen richtig fünf Nasen heraus. Nun wussten sie gewiss, dass sie noch keinen Kameraden verloren hatten, und setzten vergnügt ihre Reise fort.

Ein Theaterspiel

Im Walde von Toulouse

Räuberspiel nach einer französischen Volksballade

Nachgestaltet von Wolfgang Menzel

(Spieler: Sprecher, Räuberhauptmann, 8 Räuber, viele Polizisten, Chor.)

Sprecher: Im Walde von Toulouse haust eine Räuberschar.

Chor: **Haust eine Räuberschar,**
schneddereng peng peng,
schneddereng perline,
haust eine Räuberschar,
schneddereng peng peng.

Nach diesem Muster spricht der Chor auch an den anderen Stellen, die fett gedruckt sind. !

Sprecher: Es waren fünfundzwanzig mit Säbeln und Gewehr.

Chor: **Mit Säbeln und Gewehr, schneddereng peng peng, ...**

Sprecher: Sie sprachen zueinander:

1. Sieh nach, ob einer kommt!

2. Ich sehe hier vom Baume dort unten einen Mann.

3. Wie ist er denn bewaffnet?

2. Ich sehe nichts an ihm.

4. Wie ist er denn gekleidet?

2. Ich glaube, er ist reich.

5. Wie kommt er denn geritten?

2. Er sitzt auf einem Pferd.

Hauptm.: Gebt Acht! In drei Minuten, da geht es richtig los!

Chor: **Da geht es richtig los, schneddereng peng peng, ...**

6. Ach, Hauptmann, lieber Hauptmann,
ich glaube, mir wird schlecht!

Hauptm.: Du bist ein rechter Räuber!
Machst dir die Hosen voll!

2. Passt auf, jetzt kommt der Reiter gleich hinterm Hügel vor!

6. Mir ist so schlecht, Herr Hauptmann!

Hauptm.: Kommando: Es geht los!
(Die Räuber stürmen aus den Büschen auf den Reiter los.)

Sprecher: Da sprangen alle Räuber heraus aus dem Gebüsch.
Chor: **Heraus aus dem Gebüsch, schneddereng peng peng, …**
Reiter: Nanu, ihr lieben Leute, ihr wollt mir doch nichts tun?
Hauptm.: Steig ab von deinem Gaule, und gib uns all dein Geld!
Reiter: Mein Geld? Ach, liebe Leute, ich habe doch kein Geld!
7. Erzähl uns keine Märchen, leer deine Taschen aus!
Reiter: Die Taschen, liebe Leute, die Taschen, die sind leer!
Hauptm.: Und dort auf deinem Sattel, was ist das für ein Sack?
Reiter: Im Sack, ach liebe Leute, da ist bestimmt nichts drin!
7. Der Sack ist schwer, ich glaube, der Sack ist voll von Gold!
2. Da seh' ich welche kommen, das ist die Polizei!
Chor: **Das ist die Polizei, schneddereng peng peng, …**
6. Mir ist so schlecht, Herr Hauptmann!
Hauptm.: Verschwindet ins Gebüsch!
(Die Räuber fliehen und verstecken sich im Gebüsch.)
Sprecher: Doch eh' sie sich's versahen, kam schon die Polizei.
Chor: **Kam schon die Polizei, schneddereng peng peng, …**
Polizist: Kommt raus aus euren Büschen, und nehmt die Hände hoch!
Chor: **Und nehmt die Hände hoch, schneddereng peng peng, …**
(Die Räuber kommen mit erhobenen Händen aus den Büschen.)
8. Ach, lass uns bitte laufen, wir haben nichts getan!
Chor: **Wir haben nichts getan, schneddereng peng peng, …**
Polizist: Wir nehmen euch gefangen!
6. Ich glaube, mir wird schlecht!
Polizist: Kommt alle mit zur Wache, das Spielchen ist nun aus!
Chor: **Das Spielchen ist nun aus, schneddereng peng peng, …**
Sprecher: Im Walde von Toulouse gibt's keine Räuber mehr.
Chor: **Gibt's keine Räuber mehr,**
schneddereng peng peng,
schneddereng perline,
gibt's keine Räuber mehr, schneddereng peng peng.

Karton-Theater

Aus einem Pappkarton lässt sich leicht
eine Theaterbühne bauen.

- Der Karton sollte so groß sein, dass drei Kinder gleichzeitig ihre Puppen darin bewegen können.
- Damit die Figuren hin- und herlaufen können, gestaltet ihr sie am besten im Profil und von beiden Seiten.
- Ein Vorhang und eine Beleuchtung steigern die Wirkung eurer Kartonbühne.
- Vordergrund und Hintergrund sollten auswechselbar sein.
- Beim Spiel ist es gut, Gruppen zu bilden:

  Gruppe 1 führt die Figuren.
  Gruppe 2 spricht oder singt die Rollen.
  Gruppe 3 sorgt für die Geräusche.

Figur
im Profil:

1. Abnehmbarer Vorhang
2. Zusätzlicher Vordergrund
3. Austauschbarer Hintergrund

Ein Hörspiel

Lok 1414 geht auf Urlaub

Hörspiel auf einer Schallplatte

Friedrich Feld

Der Zug: *(Fährt in den Bahnhof ein. Tuten. Fauchen. Musik.)*

Bahnhofsvorsteher: Personenzug nach Neustadt. Einsteigen bitte und die Türen schließen! Vorsicht am Zuge! Fertig! *(Pfiff)*

Der Zug: *(Fährt erst langsam, dann immer schneller. Musik.)*

Lokführer: Ich weiß nicht, was heute mit der Lokomotive los ist. Hast du Kohlen nachgelegt?

Heizer: Jaa doch! Das Feuer brennt. Der Dampf brodelt auch wie gewöhnlich. Ich weiß auch nicht, warum sie heute nicht richtig laufen will.

Lok 1414: *(leise und mit müder Stimme)* Ich bin so müd, ich bin so müd, ich will heut nicht, ich will heut nicht …

Lokführer: Hast du was gehört?

Heizer: Nee, was denn?

Lokführer: Ich dachte nur.

Lok 1414: Ich bin so müd, ich bin so müd, ich kann nicht mehr, ich kann nicht mehr …

Lokführer: Verflixt! Etwas ist doch nicht in Ordnung mit der Lokomotive!

Lok 1414: Ich kann nicht mehr, ich kann nicht mehr, seht ihr denn nicht, ich kann nicht mehr …

Lokführer: Schon siebzehn Minuten Verspätung. Das gibt wieder Beschwerden!

Heizer: Was können wir denn dafür? Ich habe eine Schaufel Kohlen nach der anderen aufgelegt, und am Morgen, da hab ich sie noch geölt.

Lokführer: Ja, ich weiß. Aber irgendetwas ist doch nicht in Ordnung mit der alten 1414.

Lok 1414:	Ich bin nicht alt, ich bin nur müd, ich hab es satt, ich bin zu müd, ich kann nicht mehr, ich kann – nicht – mehr. *(Bleibt stehen und faucht.)*
1. Reisender:	*(ruft aus einem Wagen)* Was ist denn los? Warum ist denn der Zug stehen geblieben?
Eine Frau:	*(mit aufgeregter Stimme)* Wie? Ist ein Unglück passiert?
Heizer:	Nein, es ist nichts passiert. Die Lokomotive ist nur stehen geblieben.
2. Reisender:	*(ruft aus einem Wagen)* Was, mitten auf der Strecke? Das ist ja großartig! Ne feine Eisenbahn ist das!
Lokführer:	Ich weiß nicht. Sechsundzwanzig Jahre fahre ich nun schon auf der Lokomotive. Aber seit gestern, da will sie einfach nicht mehr. – Na, gute alte 1414, nun sei doch vernünftig! Du bist doch in Ordnung!
Lok 1414:	*(erst langsam, dann immer schneller)* Ich bin so müd, versteht mich doch, ich bin so müd, ich bin so müd, ich bin so müd. *(Sie fährt wieder weiter.)*
Heizer:	Na also! Da fährt sie ja wieder. Sehn wir zu, dass wir noch bis Neustadt kommen. Wer weiß, wann sie sich's wieder überlegt.

1 Überlegt, wie ihr die Geräusche machen könntet.
Welche Geräusche könnt ihr selbst machen und welche findet ihr draußen?

2 Welche Stimme hat die Lok 1414? Wie verändert sich ihre Stimme?

Ein Gedicht spielen

fünfter sein

Ernst Jandl, Norman Junge

tür auf
einer raus

einer rein

vierter sein

tür auf
einer raus

einer rein

dritter sein

tür auf
einer raus

einer rein

zweiter sein

tür auf
einer raus

einer rein

nächster sein

tür auf
einer raus

einer rein

selber rein

tagherrdoktor

1 Wenn ihr dieses Gedicht spielen wollt, überlegt euch:

- Fünf Personen sitzen und warten.
- Worauf warten sie und warum?
- Wer ist die Hauptperson?
- Was denkt sie?
- Was tut sie?
- Was tun die anderen?

Ich bin ich

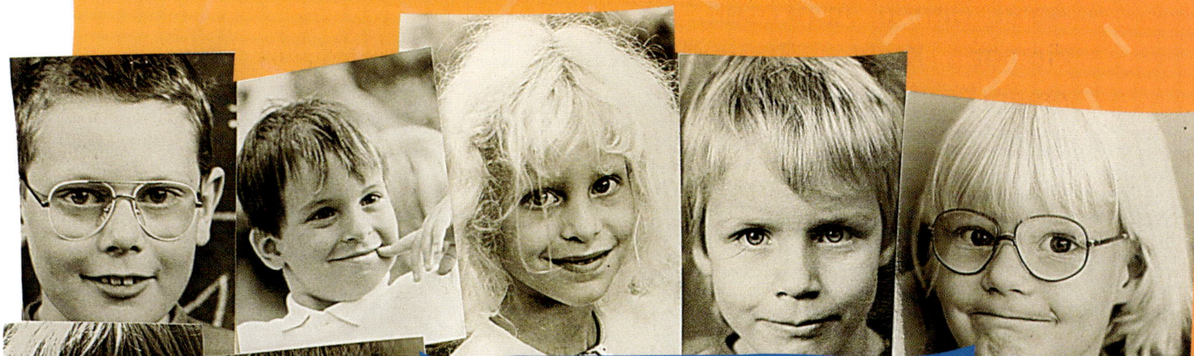

Ich

Jürgen Spohn

Ich stehe
manchmal
neben mir
und sage
freundlich
DU zu mir
und sag
DU bist
ein Exemplar
wie keines
jemals
vor dir war
DU bist
der Stern
der Sterne
Das hör ICH
nämlich gerne

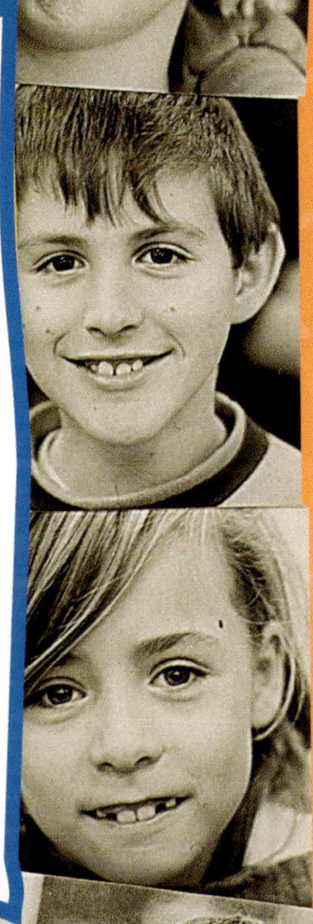

Das Kostbarste

Helmut Zöpfl

Äpfel, Birnen, Aprikosen,
Hemden, Kleider, Strümpfe, Hosen,
einen Farbstift und ein Buch,
einen Ball, ein buntes Tuch
und noch einen ganzen Haufen
kannst du dir für Geld wohl kaufen.
Doch es gibt auf dieser Welt
sehr viel Schönes ohne Geld:
Sternenhimmel, Sonnenstrahlen,
dafür brauchst du nichts zu zahlen.
Und dazu ist dir das Größte,
Schönste, Kostbarste und Beste
einfach als Geschenk gegeben.
Was das ist? Dein eignes Leben.

Dem Glück auf der Spur

Benjamin (Schüler)

Ich hatte einmal einen seltsamen Traum. Als ich fest schlief, stand auf einmal ein lustiges Wesen vor mir. Es hatte ganz lange Stielaugen, mit denen es mich anschaute. Plötzlich spuckte es ein paar Seifenblasen aus. „Ich heiße Flop, und du?“, fragte es mich. „Benjamin“, antwortete ich. Dann wollte das Wesen wissen, was für mich Glück bedeutet. Ich überlegte nicht lange und sagte: „Glück bedeutet für mich, dass ich eine Familie habe und immer etwas zu essen da ist, egal, wann ich Hunger habe. Glück heißt nicht, dass ich jede Menge Geld habe oder Spielzeug, das ich sowieso nicht mehr unterbringe. Und Glück bleibt auch nicht für immer. Glück ist für jeden anders.“

Genau in dem Moment weckte mich meine Mutter. Puuh, auch das war Glück! Ich war Gott sei Dank noch daheim.

Und was bedeutet Glück für dich?

Ich bin glücklich,
wenn ein junges Schäfchen
zur Welt kommt- Lämmchen sind so süß!
Lisa

Ich bin glücklich, wenn ich mit
Felix spiele, und wenn wir uns
nass spritzen dürfen. Und wenn wir
schwimmen gehen. Wenn wir dann vom
Schwimmen wiederkommen, esse ich
was Leckeres. Fabian

Ich wäre glücklich, wenn Mika Häkkinen mir
seinen Formel-1-Wagen schenken könnte, weil ich
dann mit dem Wagen fahren könnte und
Mika Häkkinen kennen lernen würde.
Fakhria

Ich bin glücklich, wenn ich mit
meiner Wasserpistole alle Dosen
getroffen habe. Und dann hundert
Punkte habe. Dominic

Ich bin glücklich, dass wir
so gut aufgenommen worden sind
in Zell, als wir hierherzogen.
Jonas

Das Bauchweh

Nasrin Siege

Einmal hab ich Bauchweh gehabt. Das Bauchweh war das Diktat, das wir an dem Tag, an dem ich Bauchweh bekam, schreiben sollten. Als ich morgens aufwachte, hatte ich schon ein leises Grummeln im Magen. „Ich habe Bauchweh", habe ich zu meiner Mutter gesagt.

„Schreibst du eine Arbeit heute?", hat sie mich gefragt. Ich kann nicht lügen, höchstens mal ein bisschen flunkern. Aber dann kriege ich auch schon wieder Bauchweh. Also lass ich das lieber sein. Dann schon lieber Bauchweh, weil ich irgendeine Arbeit schreibe. „Ja, aber ich hab wirklich Bauchweh!", habe ich zu meiner Mutter gesagt.

Da hat sie mir eine Entschuldigung geschrieben. Ich bin nicht zur Schule gegangen. Mutter hat gesagt, dass ich zu Hause bleiben soll, und sie hat mir eine Suppe gemacht und mit mir Diktat geübt. Als ich am nächsten Morgen zur Schule gegangen bin, hab ich kein Bauchweh mehr gehabt.

Der Lehrer war auch krank gewesen. Er hatte auch Bauchweh gehabt. Er sagte, er hätte was Schlechtes gegessen. Dann hat er die Arbeit mit uns allen nachgeschrieben, und ich hab nur wenig Fehler gemacht. Seitdem hab ich kein Bauchweh mehr vor einer Arbeit. Mutter sagt, auch Bauchweh muss man mal haben. Man muss nur wissen, warum.

1 Sprecht darüber, was euch Bauchweh macht.

Stefan

Karin Gündisch

Stefan sitzt in der Bank neben Melanie. Alle andern Jungen sitzen neben Jungen. Nur Stefan sitzt neben einem Mädchen. Er sitzt gern neben Melanie.

Die Jungen hänseln Stefan und Melanie. Auch die Mädchen hänseln sie. Sie sagen: Stefan ist verliebt in Melanie! Oder: Melanie ist verliebt in Stefan.

Stefan wird rot, und auch Melanie wird rot.

Sie getrauen sich gar nicht mehr, miteinander zu sprechen. Am liebsten möchte Stefan nicht mehr neben Melanie sitzen, obwohl er sie mag. Von wo wissen die, dass ich in Melanie verliebt bin, denkt Stefan. Er selbst weiß nicht, ob er verliebt ist. Er weiß überhaupt nicht, wie Verliebtsein ist.

Er fragt seine Mutter: Wie ist das, wenn man verliebt ist?

Es kribbelt im Bauch und rumort in der Herzgegend herum, sagt sie.

Mich sticht es in die Seite, sagt Stefan.

Das kommt nicht von der Liebe, das kommt vom Fußballspielen, sagt die Mutter.

Diese Blödmänner, denkt Stefan, ich bin doch gar nicht verliebt in Melanie! Ich mag sie! Und fertig!

Nangijala

Astrid Lindgren

Jonathan und Krümel sind Brüder. Krümel glaubt, dass er sterben muss. Jonathan erzählt ihm von Nangijala. Das ist für ihn die Welt, in der Menschen nach dem Tode sind. Die Geschichte ist aus dem Buch „Die Brüder Löwenherz“ von der schwedischen Schriftstellerin Astrid Lindgren.

Jonathan wusste, dass ich bald sterben würde. Ich glaube, alle wussten es, nur ich nicht. Sogar in der Schule wussten sie es, denn ich lag ja nur zu Hause, weil ich hustete und immer krank war. Das letzte halbe Jahr hatte ich überhaupt nicht mehr zur Schule gehen können. Alle Frauen, für die Mama Kleider näht, wussten es auch. Einmal redete eine mit ihr darüber, und obwohl es nicht beabsichtigt war, hörte ich es zufällig. Sie dachten, ich schlafe. Ich lag aber nur mit geschlossenen Augen da. Und das tat ich auch weiterhin, denn ich wollte mir nicht anmerken lassen, dass ich dieses Schreckliche gehört hatte – dass ich bald sterben würde.

Natürlich wurde ich traurig und bekam furchtbare Angst, und das wollte ich Mama nicht zeigen. Aber als Jonathan nach Hause kam, erzählte ich es ihm.

„Weißt du, dass ich bald sterben muss?“, fragte ich und weinte. Jonathan dachte ein Weilchen nach. Er antwortete mir wohl nicht gern, doch schließlich sagte er: „Ja, das weiß ich.“ Da weinte ich noch mehr.

„Wie kann es nur so was Schreckliches geben?“, fragte ich. „Wie kann es so etwas Schreckliches geben, dass manche sterben müssen, wenn sie noch nicht mal zehn Jahre alt sind?“

„Weißt du, Krümel, ich glaube nicht, dass es so schrecklich ist“, sagte Jonathan. „Ich glaube, es wird herrlich für dich.“

„Herrlich?“, sagte ich. „Tot in der Erde liegen, das soll herrlich sein?!“

„Aber geh“, sagte Jonathan. „Was da liegt, ist doch nur so etwas wie eine Schale von dir. Du selber fliegst ganz woandershin.“

„Wohin denn?“, fragte ich, denn ich konnte ihm nicht recht glauben.

„Nach Nangijala“, antwortete er.

Nach Nangijala – das sagte er so einfach, als wüsste das jeder Mensch. Aber ich hatte noch nie etwas davon gehört.

„Nangijala“, sagte ich, „wo liegt denn das?“

Da sagte Jonathan, das wisse er auch nicht genau. Es liege irgendwo hinter den Sternen. Und er fing an, von Nangijala zu erzählen, sodass man fast Lust bekam, auf der Stelle hinzufliegen.

„Dort ist noch die Zeit der Lagerfeuer und der Sagen“, sagte er, „und das wird dir gefallen.“

Von dort, aus Nangijala, stammen alle Märchen und Sagen, sagte Jonathan, und dort gehe es auch noch zu wie in den Märchen. Wenn man dort hinkomme, erlebe man von früh bis spät und sogar nachts Abenteuer.

„Das ist etwas, Krümel!“, sagte er. „Das ist was anderes als im Bett liegen und husten und krank sein und nie spielen können.“

Jonathan nannte mich Krümel. Das hatte er schon getan, als ich noch klein war, und als ich ihn einmal fragte, warum er mich so nannte, sagte er, weil er Kuchenkrümel sehr gern möge, besonders solche Krümel wie mich. Ja, Jonathan hatte mich gern, und das war merkwürdig.

Kopfhaus

Martin Auer

Ich schau aus meinen Augen
hinaus, wie durch zwei Fenster.
Draußen gehen Leute,
aber drinnen sind Gespenster.
In meinem Kopf, da spukt es.
Da ist es nicht geheuer.
Da geschehn in der Minute
zweihundert Abenteuer.
Mein Kopf ist wie ein Haus
mit siebentausend Räumen.
Und jeder Raum ist voll
mit siebentausend Träumen.
Da draußen gehen Leute,
doch keiner kann herein.
In meinem Haus, in meinem Kopf,
da bin ich ganz allein.

weil Anna Murmelaugen hat

Walther Petri

ich möchte neben Anna sitzen
und würde ihr immer die Stifte spitzen
aber sie bricht keinen ab
was für ein Pech ich hab!

ich will eine Laubhütte baun
ein Feuer machen und jagen
und steht sie morgen hinterm Zaun
werd ich sie fragen

Lena hat nur Fußball im Kopf

Kirsten Boie

In der Ecke zwischen Schreibtisch und Bett sitzt Lena immer, wenn sie weinen muss. Ihren Bollermann nimmt sie dann auch in den Arm, das ist ihr riesiger Stoffhund mit dem einen Ohr, den sie jedes Mal unter der Bettdecke versteckt, wenn ihre Freundinnen kommen. Aber heute kann nicht mal Bollermann helfen. [. . .]

Und sie denkt an das Spiel nächsten Sonntag und, dass sie im Sturm spielen sollte.

Weil Robert jetzt umgezogen ist, der war vorher Torschützenkönig.

Lena hat schon immer ordentlich Fußball gespielt. Als sie ganz klein war, hat Papa ihr das beigebracht, aber als sie dann fünf war und die Jungs in den Verein gekommen sind, da sollte Lena plötzlich nicht mehr.

„Du willst doch bestimmt lieber mit deinen Freundinnen spielen!“, hat Papa gesagt. Aber der Trainer im Fußballverein wollte, dass sie es erst mal versucht. „Vielleicht wird es ihr sowieso schnell langweilig“, hat er gesagt. „Bald kommt die Zeit, wo sie schöne Kleider tragen und nichts mit Jungs zu tun haben will.“

Es ist Lena aber nicht langweilig geworden, kein bisschen. Weil sie nämlich Fußball spielen und schöne Kleider tragen und mit ihren Freundinnen spielen kann. Und gegen Jungs hat sie auch nicht so viel.

Aber Mama muss ihr natürlich alles verderben!

„Lena?“, ruft Mama aus der Küche.

Wer nicht zum Training kommt, wird natürlich auch nicht eingesetzt, das ist klar. Ein Stürmer muss regelmäßig trainieren.

„Hast du dich wieder beruhigt?“, ruft Mama.

Lena zieht die Nase hoch und gibt Bollermann einen Kuss auf den Kopf. „Armer, alter Bollermann“, flüstert sie. „Armer, armer, alter Bollermann.“

„Es ist doch nur, bis du in Mathe ein bisschen besser bist!“, ruft Mama aus der Küche. „Verstehst du das nicht? Ich hab doch nichts gegen Fußball!“

Niemals wäre Ballack so gut geworden, wenn der so eine Mutter gehabt hätte, denkt Lena. Wenn er immer Mathe geübt hätte und nicht trainiert. Oder Kahn. Oder Kuranyi. Die haben trainiert wie verrückt, und nun sind sie Weltklassespieler und können den Taschenrechner benutzen. Das sollte sich Mama mal überlegen.

„Lena?“, ruft Mama wieder. „Kann ich vielleicht mal eine Antwort kriegen?“

Lena schmeißt Bollermann auf den Boden. „Ich hab nichts gehört!“, ruft sie und schaltet ihr Radio an.

1 Was hättest du an Lenas Stelle getan?

Werbespott

Michail Krausnick

ALLES! Kaufen Sie **ALLES !**
ALLES – immer ein Gewinn!
ALLES! Ich hätt gern **ALLES!**
Für **ALLES** geb ich **ALLES** hin.
ALLES! Kaufen Sie **ALLES!**

Wer **ALLES** kauft, muss sich nicht sorgen,
Wer **ALLES** hat, der muss nichts borgen,
Wer **ALLES** hat, der kann gut lachen:
Mit **ALLES** kann man **ALLES** machen!

ALLES! Kaufen Sie **ALLES!**
ALLES – immer ein Gewinn!

ALLES! Ich hätt gern **ALLES!**
Mit dem ich sehr zufrieden bin,
Und das ich niemals tauschen würde!
ALLES! Ich bleib bei **ALLES!**

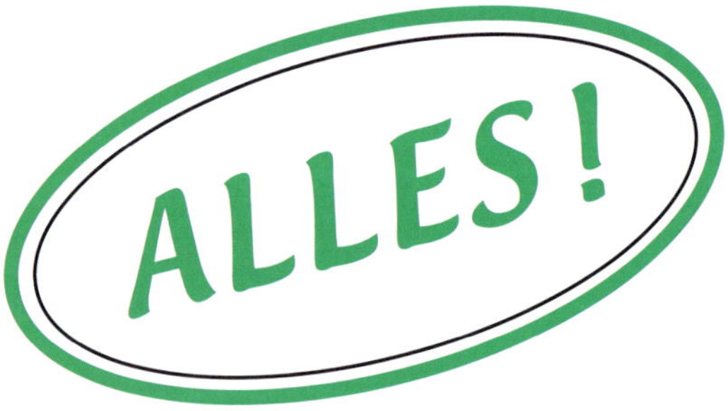

1 Gestaltet den Schriftzug ALLES! mit dem Computer.

Reklame

Max Kruse

Es wirrt in mir
ein Wirbeltier,
O-DENT-A ist sein Name;
es macht dies irre
Schwirretier
für Zahnpasta Reklame.
Ich hab's heut morgen
aufgeschnappt
von einer Anschlagsäule;
nun hat sich's in mir
festgepappt
und quält mich mit Geheule:
O-DENT-A gegen Zahnverfall,
O-DENT-A gegen Löcher,
O-DENT-A tönt es überall,
O-DENT-A noch und nöcher:
„Die Zähne werden blendend weiß,
dein Zahnfleisch eine Rose,
und duften wirst du aus dem Mund
wie eine Aprikose!"
Ich sause gleich zur Drogerie,
um mir das Zeug zu holen,
und putze mir von spät bis früh
die Zähne wie befohlen.
Doch heute hörte ich entsetzt
im Fernsehn: „Zur Hygiene
benutze CARANDENTAL jetzt
und rette deine Zähne!"
Was nehm ich nun, ich armer Mann?
Jetzt habe ich die beiden ...
Ich schaue stumm die Tuben an
und kann mich nicht entscheiden!

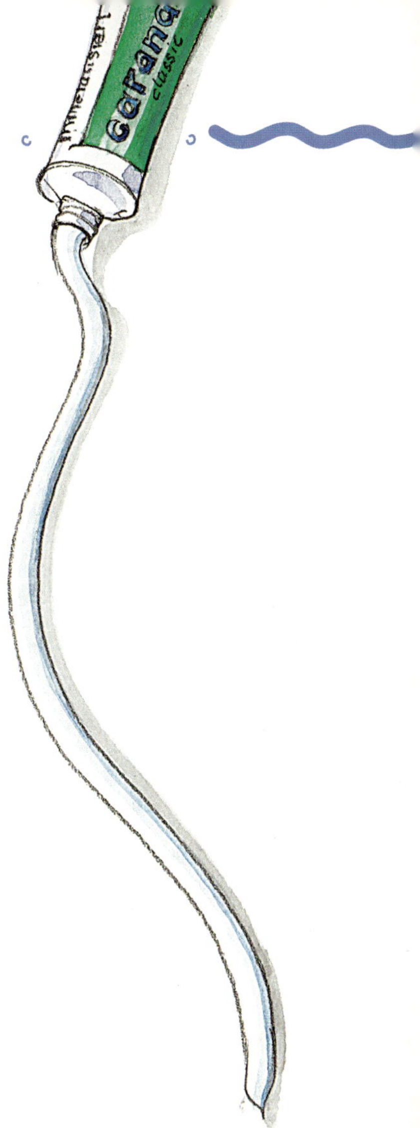

Was Rosalinde werden möchte

Christine Nöstlinger

Manchmal hat Rosalinde Berufsgedanken. „Einen Beruf braucht jeder einmal“, hat die Mama gesagt. „Man muss sich rechtzeitig überlegen, was aus einem einmal wird.“ Der Fredi weiß schon genau, was aus ihm einmal wird. Fußballer wird der Fredi, sagt er, Mittelstürmer. Wenn möglich, am liebsten beim Verein „Zwietracht-Podersdorf“. Rosalinde würde auch gern Fußballerin werden. Tor-Frau möchte sie später einmal sein. Aber alle Buben in der Klasse lachen sie deswegen aus. „Plemplem, total plemplem“, sagen sie und tippen sich an die Stirn. Die Mädchen in Rosalindes Klasse finden eine Tor-Frau auch „plemplem, total plemplem“. Darum redet Rosalinde in der Schule nicht mehr von ihrem Lieblings-Beruf. Sie denkt sich Ersatzberufe aus: Fernlastfahrerin, Baggerführerin, Försterin, Hundezüchterin, Taxifahrerin, Schornsteinfegerin, Sportreporterin … Aber auch mit den Ersatzberufen hat Rosalinde in der Klasse nicht viel Erfolg. „Mädchen“, das sagen alle in der Klasse, „werden einmal andere Berufe haben: Lehrerin, Krankenschwester, Friseuse, Verkäuferin, Bürofrau, Kinderärztin …“ Von den zwölf Mädchen in Rosalindes Klasse wollen vier Mädchen Lehrerin werden, zwei Kinderärztin, eine Säuglingsschwester, zwei Friseusen, eine Verkäuferin, eine Bürofrau. Nur Rosalinde mag das alles nicht werden! Stundenlang, tagelang, wochenlang, monatelang hat sich Rosalinde gut zugeredet. Hat sich eingeredet, dass es doch wunderschön sein könnte, kleinen Kindern sowohl das Einmaleins als auch das Zweimalzwei zu lehren …

Nach stundenlangem, tagelangem, wochenlangem, monatelangem Nachdenken hat sich Rosalinde gesagt: „Nein! Das sind ja alles ganz nette und gute und anständige Berufe, aber das ist alles nichts für mich! Das ist nämlich alles nichts gegen eine Hochsee-Kapitänin, eine Düsenfliegerpilotin, eine Raumfahrerin, eine Brückenbau-Ingenieurin – und eine Tor-Frau!“

Jörg lernt kochen

Irina Korschunow

Ich heiße Jörg. Meine Eltern sind geschieden, und ich bin bei meinem Vater geblieben. Mein Vater ist Lehrer. Jeden Morgen gehen wir beide in die Schule, er in seine und ich in meine. Wer von uns zuerst nach Hause kommt, der setzt das Essen auf.
Früher mochte ich nicht kochen. Ich fand es viel zu schwierig. Mein Vater hat es mir auch nicht zugetraut. Ich musste immer auf ihn warten, und manchmal dauerte es eine Ewigkeit, bis es Mittagessen gab.
In den Ferien waren wir vierzehn Tage an der Ostsee. Hinterher bin ich zu meiner Oma gefahren, und meine Oma hat gesagt: „Ich weiß wirklich nicht, warum du dich so anstellst. Kochen ist doch keine Zauberei. Ich bringe es dir bei, wenn du willst."
Zuerst wollte ich nicht. Aber zwei Tage später haben wir doch damit angefangen. Da zeigte mir meine Oma, wie man Spagetti und Tomatensoße macht.

Ich habe einen Topf mit Salzwasser auf den Herd gestellt. Dann, als es blubberte, kamen die Spagetti hinein, und nach zehn Minuten Kochen waren sie weich. Ganz einfach, wirklich. Nur mit der Tomatensoße konnte ich nicht fertig werden. Es hat ziemlich lange gedauert, bis ich das schaffte.

Am nächsten Tag sollte es Kartoffeln und Schnitzel geben. Das eine Schnitzel habe ich gebraten und das andere meine Oma. Ich habe genau hingeguckt und ihr jeden Handgriff nachgemacht.
„Du hast Talent zum Kochen, Jörg", sagte meine Oma. „Papa wird staunen."

Von da an brachte sie mir jeden Morgen etwas Neues bei. Sie nähte mir auch eine grüne Schürze mit einem roten Kochlöffel darauf, die band ich in der Küche um. Allmählich machte mir das Kochen sogar Spaß. Nur wenn etwas schiefging, ärgerte ich mich. Und zuerst ist dauernd etwas schiefgegangen. Einmal habe ich Salz statt Zucker in den Pudding gestreut. Zwei volle Esslöffel! Und einmal, als meine Oma zum Einkaufen war, sind mir die Kartoffeln angebrannt. Das hat furchtbar gestunken.

Die Kinder im Haus fanden es komisch, dass ich kochen lernte. „Wie ein Mädchen!“, sagten sie. Aber ich habe ihnen einen Vogel gezeigt. Mein Vater kann auch kochen. Überhaupt sind die besten Köche Männer, hat meine Oma gesagt. Von wegen Mädchen!
Am Ende der Ferien hatte ich eine Menge gelernt: Gemüsesuppe, Pfannkuchen, Kartoffelsalat mit Würstchen, Reisauflauf und noch mehr. Für alles hat mir meine Oma das genaue Rezept aufgeschrieben, damit ich es nicht wieder vergesse. Und meinem Vater haben wir nichts verraten.
Am ersten Schultag war bei uns schon um zehn Schluss. Da bin ich nach Hause gerannt und habe gekocht: Spagetti mit Fleischsoße und als Nachtisch Schokoladenpudding. Mein Vater hat vielleicht gestaunt! „Mann, Jörg“, hat er gesagt. „Das schmeckt toll. Du könntest direkt Koch werden.“
Aber ich will lieber Lehrer werden, so wie er.

1 In dieser Geschichte wurde die Schrift an zwei Stellen verkleinert. Lasst diese Absätze erst einmal aus beim Lesen und achtet darauf, was sie euch später *zusätzlich* erzählen.

Mama hat eine Arbeit gefunden

Antoinette Becker

Mama hat eine Arbeit gefunden. Sie wird jeden Tag von halb neun bis zwei Uhr in ein Büro gehen. „Ich muss jetzt jeden Tag früh aus dem Haus“, erklärt sie den Kindern beim Abendessen.
„Ja, und wer bringt Nina zur Schule?“, fragt Gerty.
„Du, Gerty!“ Arno geht später los. Er muss nur um die Ecke.
„Arno, du musst lernen richtig abzuschließen. Ich muss mich darauf verlassen. Ihr beiden Großen bekommt einen Schlüssel. Mittags wartet Nina, bis du sie abholst, Gerty. Ich komme gegen halb drei zurück. Arno geht in den Hort, weil seine Schule früher aus ist.“
„Ich will nicht in den Hort, da sind die großen Jungens, die schlagen mich! Ich will zu Hause essen mit Nina und Gerty!“
„Wenn deine Schule aus ist, ist noch niemand da, deshalb bleibt es dabei, dass du in den Hort gehst. Jeder von uns hat jetzt einen Stundenplan.“
„Ich hasse diesen Plan!“, seufzt Gerty. „Immer muss man etwas, immer sich beeilen, zu Hause sein, einkaufen, decken, helfen!“
„Aber das hast du doch sonst auch getan?“
„Nein“, bricht es aus Gerty hervor, „wenn wir weggegangen sind, warst du da, und wenn wir nach Hause kamen, warst du auch da! Alles war ganz anders.“
„Aber Gerty, viele Familien müssen so leben, wenn Vater und Mutter arbeiten“, sagt Mama. „Ich muss arbeiten, aber die Arbeit macht mir auch Spaß.“
„Ach, mir gefällt nichts mehr. Immer habe ich Angst, etwas zu vergessen.“ Gerty denkt an gestern. Es war wieder keine Milch da. „Haben wir ausgetrunken“, sagen Nina und Arno. Ein Kasten Mineralwasser fehlte auch.
„Der fehlt nicht“, sagte Mama, „wir können doch Leitungswasser trinken.“ Gerty blieb die Spucke weg.

1 Alle drei Kinder müssen neue Pflichten übernehmen.
Stellt einmal zusammen, welche.

Claudia ist gehörlos

Antoinette Becker

In der Schule springt Claudia zu ihrer Lehrerin, an der hängt sie sehr. Die Lehrerin setzt sich mit ihr und übt das Sprechen vor einem Spiegel.

Claudia sieht im Spiegel, wie es aussieht, wenn sie ein A oder U sagt oder ein L spricht.

Sie schaut die Lehrerin an und macht ihre Lippenbewegungen nach. Sie braucht dabei schrecklich viel Geduld und darf an nichts anderes denken. Ihre Eltern sagen, die Lehrerin ist ein Engel.

Claudia kann auch lesen. Das war sehr aufregend, als sie plötzlich verstand, dass diese kleinen Zeichen „Löwe“ bedeuten. Dieses Tier mit der Zottelmähne hieß Löwe. Sie konnte das Wort „Löwe“ bald mit den Lippen nachformen, obwohl sie sich nicht hört.

Lesen können, das verändert die Welt: auf der Straße, in den Geschäften und im Bus, überall. Claudia kann gut denken und gut beobachten. Sie lernt schnell, aber es kostet sie sehr viel Mühe. Sie will alles kennen lernen und alles wissen. […]

Claudia lernt auch die Fingersprache. Für jeden Buchstaben gibt es ein Zeichen, aus diesen Zeichen bildet man ein Wort. Claudia kann sich mit den Zeichen verständigen.

Das verstehen viele in ihrer Schule. Aber meistens verständigt man sich durch andere Zeichen, die man erfindet.

Manchmal verliert sie die Geduld und zieht oder stupst einen Mitschüler, damit er schneller begreift.

Auch zu Hause verständigen sich die Eltern und Claudia durch eine eigene Zeichensprache.

„Willst du nachher ein Ei“, sagt Mutter und bildet mit beiden Händen die Form eines Eies.

Claudia nickt und freut sich.

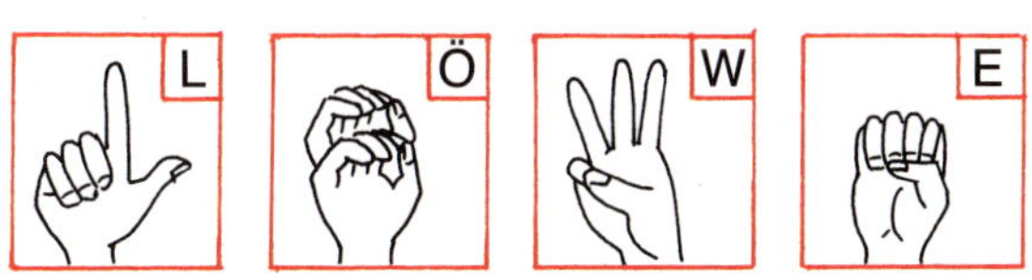

Freunde

Gina Ruck-Pauquèt

„Wohin willst du?“, fragte der Vater.

Benjamin hielt die Türklinke fest.

„Raus“, sagte er.

„Wohin raus?“, fragte der Vater.

„Na so“, sagte Benjamin.

„Und mit wem?“, fragte der Vater.

„Och …“, sagte Benjamin.

„Um es klar auszusprechen“, sagte der Vater, „ich will nicht, dass du mit diesem Josef rumziehst!“

„Warum?“, fragte Benjamin.

„Weil er nicht gut für dich ist“, sagte der Vater.

Benjamin sah den Vater an.

„Du weißt doch selber, dass dieser Josef ein … na, sagen wir, ein geistig zurückgebliebenes Kind ist“, sagte der Vater.

„Der Josef ist aber in Ordnung“, sagte Benjamin.

„Möglich“, sagte der Vater. „Aber was kannst du schon von ihm lernen?“

„Ich will doch nichts von ihm lernen“, sagte Benjamin.

„Man sollte von jedem, mit dem man umgeht, etwas lernen können“, sagte der Vater.

Benjamin ließ die Türklinke los.

„Ich lerne von ihm, Schiffchen aus Papier zu falten“, sagte er.

„Das konntest du mit vier Jahren schon“, sagte der Vater.

„Ich hatte es aber wieder vergessen“, sagte Benjamin.

„Und sonst?“, fragte der Vater. „Was macht ihr sonst?“

„Wir laufen rum“, sagte Benjamin. „Sehen uns alles an und so.“

„Kannst du das nicht auch mit einem anderen Kind zusammen tun?“

„Doch“, sagte Benjamin. „Aber der Josef sieht mehr“, sagte er dann.
„Was?“, fragte der Vater. „Was sieht der Josef?“
„So Zeugs“, sagte Benjamin. „Blätter und so. Steine. Ganz tolle. Und er weiß, wo Katzen sind. Und die kommen, wenn er ruft.“
„Hm“, sagte der Vater. „Pass mal auf“, sagte er. „Es ist im Leben wichtig, dass man sich immer nach oben orientiert.“
„Was heißt das“, fragte Benjamin, „sich nach oben orientieren?“
„Das heißt, dass man sich Freunde suchen soll, zu denen man aufblicken kann. Freunde, von denen man etwas lernen kann. Weil sie vielleicht ein bisschen klüger sind als man selber.“
Benjamin blieb lange still.
„Aber“, sagte er endlich, „wenn du meinst, dass der Josef dümmer ist als ich, dann ist es doch gut für den Josef, dass er mich hat, nicht wahr?“

In der neuen Klasse

Paul Maar

Nun ist Robert schon drei Wochen in der neuen Klasse. Aber Freunde hat er immer noch nicht. Manche aus seiner Klasse kann er gut leiden. Aber die haben schon einen Freund. Am besten gefällt ihm die Simone aus der zweiten Bank. Simone hat kurze, dunkle Haare. Wenn Simone lacht, werden ihre Augen ganz schmal. Wie bei einer Eskimofrau. Simone lacht oft. Das gefällt Robert so gut an ihr. Ihm hat sie auch schon einmal zugelacht. Aber Simone ist ausgerechnet mit Frank befreundet. Und den kann Robert überhaupt nicht leiden.

Frank ist der Stärkste aus der Klasse. Das will er jeden Tag beweisen. Außerdem ist er ein Angeber.

Robert kann gar nicht verstehen, was Simone an Frank findet. In der großen Pause, als Frank gerade mit Jürgen rauft, geht Robert zu Simone. Sie steht am Zaun und isst ihr Pausenbrot.

„Was meinst du, wer gewinnt?", fragt Robert. „Frank oder Jürgen?"

„Ist mir doch egal", sagt Simone.

„Das ist dir egal?", fragt Robert erstaunt.

„Frank ist doch dein Freund. Willst du nicht, dass er gewinnt?"

„Wer sagt denn, dass Frank mein Freund ist? Außerdem kann ich Schlägereien sowieso nicht leiden!"

„Ach so", sagt Robert. Er kramt in seiner Jackentasche und holt eine Dose heraus. Er öffnet sie. Sie ist bis an den Rand gefüllt mit lauter weißen Kügelchen.

„Magst du ein Bonbon?", fragt Robert und hält Simone die Dose hin.

„Das sind Bonbons? Die sehen aus wie Kopfschmerztabletten", sagt Simone.

„Das sind Pfefferminzbonbons. Probier doch mal!"

Als Simone gerade in die Dose greifen will, kommt Frank zurück. Er schlägt von unten gegen die Dose. Alle Bonbons fliegen heraus und liegen auf dem Schulhof.

„Schaut mal: Ein Wunder! Es hat geschneit!", ruft Frank. „In diesem Jahr kommt der Winter schon im September. Eine Sensation! Das müssen wir gleich dem Fernsehen melden!“

Alle, die herumstehen, lachen.

Sogar Simone muss unwillkürlich lachen. Dabei will sie es eigentlich gar nicht. Aber die weißen Bonbons auf dem Boden sehen wirklich wie Schnee aus.

Robert könnte heulen vor Wut. Er steckt die leere Dose in die Tasche und geht. Die Bonbons lässt er liegen.

Er geht ganz schnell. Die anderen sollen nicht sehen, dass ihm die Tränen in die Augen steigen.

Sogar Simone hat gelacht über ihn! So eine Gemeinheit.

„Die sind alle gemein“, murmelt Robert vor sich hin. „Ich will keinen von denen als Freund.“

Simone schaut hinter Robert her. „Jetzt ist er beleidigt“, sagt sie zu Frank. „Du bist schuld daran!“

„Na und?“, sagt Frank und lacht. „Was kann ich dafür, wenn er so schnell beleidigt ist und keinen Spaß versteht?“

„Ich find es trotzdem doof von dir, dass du die Bonbons ausgeschüttet hast“, sagt Simone.

„Du findest mich doof? Sag das noch einmal!“, sagt Frank drohend.

„Ja, ich finde dich doof!“, sagt Simone mutig und dreht Frank den Rücken zu.

Aber all das hat Robert nicht gehört, weil er ja so schnell weggegangen ist.

1 Ab Zeile 25 könnt ihr die Geschichte spielen.

2 Vielleicht fallen euch noch andere Möglichkeiten ein, wie Frank, Robert und Simone miteinander umgehen können.

Ich spiel nicht mit

Adelheid Böttger

Das wird eine tolle Stunde.
Die Kinder der Klasse haben ihre Stühle auf dem Schulhof unter die alten Bäume gestellt.

Heute stellen die ausländischen Kinder Spiele vor, die sie aus ihrer Heimat kennen.

Kemal hat alle aufgefordert, sich im Kreis aufzustellen:
„Ich laufe hinter dem Kreis rum und rufe:
Yağ satarım, bal satarım … Ustam öldü, ben satarım …

Es geht noch weiter. Wenn ich laufe, werfe ich das Tuch hinter einen, der muss mich dann kriegen.
Wenn er mich nicht kriegt, muss er rumlaufen und das Tuch werfen.
Wenn er das Tuch nicht sieht, dann rufe ich:
Yağlica ballica dayak atarim."

„Aber das ist ja unser Spiel vom Plumpsack", sagt Britta.
Nun spielen sie es erst türkisch und dann deutsch.
Nils spielt es sogar international. Er rennt herum und beginnt:
„Yağ satarım, bal satarım, der Plumpsack geht um!"
Alle lachen. Nur Dineta nicht.
Sie steht im Kreis, als gehörte sie gar nicht dazu.
Dabei ist sie schon lange in der Klasse, und neben ihr steht ihre beste Freundin Maike. Die flüstert ihr eben zu:
„Dineta, nach diesem Spiel bist du dran."
Aber Dineta ist mit ihren Gedanken weit fort.

„Eins, zwei, drei – ins faule Ei", ruft Karin und schlägt Dineta auf den Rücken. Nun soll Dineta in die Mitte.
„Ich geh aber nicht", sagt sie laut, „ich spiele nicht mit."
Sie will weglaufen, aber die Lehrerin hält sie auf.
„Was ist denn los, Dineta?" Dineta schweigt.
„Du bist als Nächste dran", erinnert sie Frau Braun,
„hast du das vergessen?"
„Ich kenne keine Spiele von zu Hause. Ich bin in Deutschland zu Hause", antwortet Dineta trotzig.

1 Du kannst von dieser Geschichte nur die linke Seite oder beide Seiten lesen.
Folge beim Lesen den Farben.

Nun sitzen sie erwartungsvoll im Kreis herum. Spielstunde!
Aber nicht irgendeine!
Und nicht irgendwelche Spiele!

Manchmal stellt die Klasse dabei fest, dass es dieselben Spiele auch bei uns gibt. Nur die Sprache ist anders. Zum Beispiel jetzt:

„Was heißt denn das auf Deutsch?“, fragt Nils dazwischen.
„Na ja, das heißt, dass ich Butter und Honig verkaufe, dass ich alles verkaufe, weil mein Meister tot ist.“

„Was heißt denn das nun wieder?“, ruft Nils. „Das kann man ja gar nicht aussprechen!“
„Ich kann“, lacht Kemal, „und es heißt, dass ich dem ordentlich Schläge verkaufe. Der muss dann in den Kreis gehen.“

Sie denkt an gestern.
Das Baby hatte so geschrien im Schlafzimmer. Wollte Mama nicht nach ihm sehen?
Dineta hatte zur Küchentür hereingeschaut. Doch, Mama war da. Papa auch.
Der sagte gerade: „Jetzt ist es so weit. Wir kriegen kein Asyl. Wir müssen zurück.“
Seitdem ist für Dineta alles anders.
Als ob sie gar nicht mehr richtig da wäre.
Sie sieht ihre Freundin Maike an. Maike, mit der sie immer spielt und die so ein tolles Fahrrad hat.
So eins möchte Dineta auch haben.
Und Maike hilft ihr, das Geld zu verdienen, damit sie es sich eines Tages kaufen kann.
Sie haben schon zusammen alte Kinderbücher von Maike auf dem Flohmarkt verkauft, und einmal sonntags haben sie für Maikes Bruder Reklameblätter verteilt, weil er zum Fußball wollte.
Das Geld dafür hat immer Dineta bekommen.
„Und außerdem will ich hier bleiben, weil ich Friseurin werden will“, murmelt sie vor sich hin.

Español

Christa Erichson

Maria kommt aus Spanien.

Maria und Alexander gehen in dieselbe Klasse.

Damals konnte Maria noch nicht richtig Deutsch sprechen und Alexander überhaupt kein Spanisch. Trotzdem verstanden sie sich sehr gut. Sie waren nämlich Freunde.

Aber miteinander reden konnten sie natürlich nicht, bis einmal ein Mädchen aus der anderen Klasse zu Maria sagte: „Kannste kein Deutsch?“

Da drehte sich Alexander ganz langsam zu dem Mädchen um und sagte so hochnäsig, wie er konnte: „Panto mischa flotti español?“

Maria grinste: „Español“ bedeutet „spanisch“, aber die anderen Wörter hatten überhaupt keinen Sinn.

Das Mädchen sah Alexander an und sagte: „Bilde dir bloß nichts ein!“

Alexander drehte sich wieder zu Maria um und sagte so laut, dass das Mädchen es gerade noch hören konnte:

„Pengo maschka la fatali prima sono?“

Es hörte sich wieder wie eine Frage an, und Maria nickte mit dem Kopf. „Si“, sagte sie, „prima!“

Seitdem können sich Maria und Alexander herrlich unterhalten – besonders, wenn andere zuhören.

Streiten und Versöhnen

Geschichte zum Ausdenken

F. K. Waechter

Wie Bernd und Frieder miteinander reden

Peter Härtling

Bernd: Geh mir mal aus dem Weg!
Frieder: Warum?
Bernd: Weil du mir im Weg stehst.
Frieder: Aber du kannst doch an mir vorbeigehn.
Da ist eine Menge Platz.
Bernd: Das kann ich nicht.
Frieder: Warum?
Bernd: Weil ich geradeaus gehn will.
Frieder: Warum?
Bernd: Weil ich das will. Weil du jetzt mein Feind bist.
Frieder: Warum?
Bernd: Weil du mir im Weg stehst.
Frieder: Darum bin ich jetzt dein Feind?
Bernd: Ja. Darum.
Frieder: Und wenn ich dir aus dem Weg gehe,
bin ich dann auch noch dein Feind?
Bernd: Ja. Weil du dann ein Feigling bist.
Frieder: Was soll ich denn machen?
Bernd: Am besten, wir verkloppen uns.
Frieder: Und wenn wir uns verkloppt haben,
bin ich dann auch noch dein Feind?
Bernd: Ich weiß nicht. Kann sein.
Frieder: Dann geh ich dir lieber aus dem Weg und bin ein Feigling.
Bernd: Ich hab gewusst, dass du ein Feigling bist.
Von Anfang an hab ich das gewusst.
Frieder: Wenn du es schon vorher gewusst hast,
warum bist du dann nicht an mir vorbeigegangen?

1 Ein komisches Gespräch, meint ihr nicht auch?

- Ist es schon zu Ende?
- Als Frieder wieder allein ist, spricht er für sich weiter.
- Bernd redet in Gedanken auch weiter.

Die eigensinnigen Ziegen

Unbekannter Verfasser

Eine Ziege wollte über einen Steg hinüber.
Zu gleicher Zeit wollte eine andere Ziege herüber.
Mitten auf dem Steg trafen sie sich.
Trotzig sprach die erste Ziege:
„Weiche mir aus, ich war zuerst auf dem Steg!"
Die zweite Ziege sagte:
„Das fällt mir gar nicht ein.
Geh du auf die Seite, ich bin älter als du!"
So stritten sie lange miteinander.
Zuletzt fingen sie an zu stoßen.
Plötzlich rutschten die beiden Ziegen
auf dem schmalen Steg aus und fielen ins Wasser.
Nur mit vieler Mühe konnten sie
das rettende Ufer erreichen.

Uli und ich

Irmela Wendt

Quer durch meine Schrift ging ein Strich, und deswegen bekam ich keine Zwei. Zu Hause haben sie gesagt, ich brauchte es mir nicht gefallen zu lassen. „Ich will nicht mehr neben Uli sitzen“, habe ich zu meiner Lehrerin gesagt. „Wo willst du denn sitzen, Petra?“, hat sie gefragt. „Neben Peter“, habe ich gesagt.
Ich habe meine Sachen vom Tisch genommen und bin einfach gegangen und habe kein Wort zu Uli gesagt. Und Uli hat auch nichts gesagt. Er ist dagestanden und hat geguckt und hat ganz nasse Augen gehabt.
Dann hat Rolf sich zu Uli gesetzt, und ich habe gedacht, wie lange das wohl gutgeht. Gleich am nächsten Tag hat Rolf gepetzt, dass Uli mit dem Stuhl wackelt, dass Uli an den Füller stößt, dass Uli das Radiergummi nimmt, dass Uli abguckt. Um jede Kleinigkeit hat Rolf aufgezeigt, und es hat mich ganz nervös gemacht.
Jörg ist wieder da; er war lange krank. Er hat sonst neben Peter gesessen, und es ist selbstverständlich, dass er seinen Platz wieder nimmt. In unserer Klasse sind vierzig Plätze, acht Plätze bleiben immer frei, weil wir nur zweiunddreißig sind. Ich gucke mich um. Ich sehe, der Platz neben Uli ist auch frei; Rolf fehlt. Ich weiß selbst nicht, weshalb ich mich wieder auf meinen alten Platz setze.
Ich will meine Sachen auspacken, da sagt Uli: „Ich finde, man kann nicht einfach wiederkommen, wenn man einmal weggegangen ist.“
Ich habe nicht erwartet, daß Uli so was sagt. Ich weiß nicht, was ich tun soll. Ich denke daran, dass er geweint hat, als ich weggegangen bin. Da fragt meine Lehrerin: „Was sagst du denn dazu, Petra?“ Ich bringe kein Wort heraus. Da fragt sie noch mal. Ich sage: „Uli hat recht.“ – „Ja, und?“, fragt die Lehrerin. „Heute bleibe ich hier sitzen. Morgen kann ich mich ja woanders hinsetzen“, sage ich.
Keiner hat weiter ein Wort dazu gesagt. Auch nicht am

nächsten Tag. Und nicht die andern Tage. Ich weiß nicht, wie lange ich schon wieder neben Uli sitze. Manchmal stößt er mich an, und verschrieben habe ich mich seinetwegen auch. Aber man kann sich auch was gefallen lassen, finde ich. Und so unruhig wie früher ist er gar nicht mehr.

An einem Tag

Hanna Hanisch

Axel und ich auf dem Schulhof
brüten im Schwitzkasten.
Riss in der Hose,
Dreck im Gesicht.
Axel heult.
Ich pfeife vor Wut.

Zu Hause: Wie siehst du aus?
Hast du schon wieder …
Dass du mir nie mehr mit dem da,
marsch, in die Küche!
Am Telefon streiten sie:
Axels Vater und meiner.

Axel und ich auf der Mauer
tauschen postfrisch und gestempelt
Polen gegen Uruguay,
Max und Moritz gegen Apollo acht.
Axel grinst.
Ich pfeif mir eins.

Telefonieren die immer noch?

Ich will dich heut nicht sehen

Bernhard Lins

Ich will dich heut nicht sehen
und sag dir ins Gesicht:
Ich will dich heut nicht sehen.
Ich mag dich heute nicht.

Ich kann dich heut nicht riechen,
du machst dich nicht beliebt.
Mach bitte eine Fliege,
bevor es Ärger gibt.

Ich möchte heut allein sein
und sag dir ins Gesicht:
Ich hab heut schlechte Laune
und mag mich selber nicht.

Ich will dich heut nicht sehen.
Ich weiß, das klingt gemein.
Doch ich kann heute leider nicht
auf Knopfdruck lustig sein.

Hast du mal schlechte Laune,
dann kann ich dich verstehn.
Und spätestens heut Abend
möcht ich dich wiedersehn.

Ohrfeigen

Christine Nöstlinger

Nachdem der große Bruder dem Hans wieder einmal
eine Ohrfeige gegeben hatte, sagte sich der Hans:
„Beim nächsten Mal wird zurückgeschlagen!
Haut er mir eine runter, hau ich ihm eine rauf!
Das ist nur gerecht!“
Und dann dachte sich der Hans:
Da die Hände meines Bruders doppelt so lang sind
wie die meinen, muss ich ihm eigentlich zwei Ohrfeigen geben!
Und da sie auch doppelt so breit sind,
muss ich ihm eigentlich vier Ohrfeigen geben.
Und da er auch mit doppelt so viel Kraft zuschlagen kann,
muss ich ihm eigentlich acht Ohrfeigen geben,
wenn er mir eine gibt!
Ob ich das auch schaffe?
Lange dachte der Hans darüber nach,
dann sagte er zu sich:
„Ich glaube, brutale Gewalt sollte in der Familie nicht sein!“

Nach einem Streit

Regina Schwarz

Weißt du,
wie das ist,
traurig zu sein,
sich ganz allein
zu fühlen?
Du gibst mir
nicht einmal einen Kuss,
sagst: „Schluss,
es ist Zeit, schlafen zu gehn!“
Ich liege da
mit all meiner Wut.
Mir geht es nicht gut!

Rechthaberei

Leopold Kammerer

„Hab i ned recht?“ – lautet mei Frag,
wenn i mei feste Meinung sag,
und dabei hoff i scho bisweilen,
dass recht vui Leut mei Meinung teilen.

Wenn aber jemand widerredt,
weil er a'n andre Meinung hätt,
taat i eahm nix zu Leid deszwegen,
sondern de Gschicht ernst überlegen.

Und merkert i dabei präzis,
dass dem sei Ansicht besser is,
dann sagert i: „Mei liaber Specht,
dir stimm i zua! – Hab i ned recht?“

Oberbayerisch

Rechthaberei

„Hab' ich nicht recht?“ – ist meine Frage,
wenn ich meine Meinung sage,
und dabei hoff' ich schon bisweilen,
dass recht viele Leute meine Meinung teilen.

Wenn aber jemand widerspricht,
weil er hat meine Meinung nicht,
tu' ich ihm nichts zu Leid deswegen,
sondern ernsthaft überlegen.

Und merk' ich dabei ganz gewiss,
dass dessen Ansicht besser ist,
dann sage ich: „Mein lieber Specht,
dir stimm ich zu! – Hab' ich nicht recht?“

Übertragen ins Hochdeutsche

Franz Marc: Rehe im Wald II. (1914).

Wo Tiere wohnen

Dachs

Der Dachs mit seiner gestreiften Gesichtsmaske wohnt in einem unterirdischen Bau am Waldrand. Der Eingang zu seinem Bau ähnelt einer Rutschbahn. Durch diese Röhre schiebt er mit seinem Hinterteil immer mehr Erde heraus. Jahr für Jahr erweitert er so seinen Bau. Es entsteht ein weit verzweigtes Netz mit Gängen, Kammern und versteckten Öffnungen. Oft sind solche Dachsburgen über 100 Jahre alt. In einer der Kammern hat der Dachs seinen Schlafplatz, den er mit Gräsern, Blättern und Moos jedes Jahr neu polstert. Hier werden auch die Jungen geboren.

Buchdrucker

Der Buchdrucker ist ein gefräßiger kleiner Käfer, der im Holz von Fichten lebt. An der Innenseite der Rinde bohrt er seine Wohnung, die aus vielen Gängen besteht. Von Weitem sehen die Gänge wie die Seiten eines Buches aus. Deshalb nennt man den Käfer Buchdrucker. Dass ein Buchdrucker in einem Baum lebt, erkennt man an der abgeblätterten Rinde und dem Bohrmehl am Stamm. Viele Buchdrucker können einen Baum stark beschädigen und sogar abtöten.

Rote Waldameise

Die Rote Waldameise lebt mit ihrem großen Volk in einem Ameisenhaufen im schattigen, feuchten Wald. Die kleinen Insekten bauen ihren Haufen aus Fichtennadeln und Zweigen. Ein solcher Haufen kann bis zu zwei Meter hoch werden. Er ist aber nur das Dach für das Nest, das noch tief in die Erde geht. Das Innere des Ameisenhaufens ist von vielen Gängen und verschieden großen Kammern durchzogen. Einige der Kammern dienen als Vorratsraum, in andere werden die Eier abgelegt.

Kleiber

Mit seinem kräftigen Schnabel kann der Kleiber sogar Nussschalen aufbrechen. Eine eigene Höhle kann er sich aber nicht zimmern. Er nistet sich in Höhlen ein, die von Spechten verlassen wurden. Um sich vor Eindringlingen zu schützen, verkleinert er den Eingang seiner Höhle. Er klebt Bällchen aus feuchter Erde, verfaultem Holz und Speichel vor den Eingang, sodass er selbst gerade noch durchschlüpfen kann. Das Innere der Höhle polstert der Vogel mit Baumrinde. In dieses Nest legt das Weibchen die weißen, rot gefleckten Eier.

1 Kennst du noch andere Tiere im Wald?
Wo leben diese?
Schau in Tierbüchern, im Lexikon oder im Internet nach.

Ameisen krabbeln

Hans Baumann

Ameisen krabbeln auf Ameisenhaufen,
Ameisen krabbeln wo Hasen laufen,
Ameisen krabbeln am Straßenrand,
Ameisen krabbeln an jeder Wand,
Ameisen krabbeln in Mauerritzen,
Ameisen krabbeln auf Kirchturmspitzen,
Ameisen krabbeln in Blumenkästen,
Ameisen krabbeln auf Frühstücksresten,
Ameisen krabbeln in Honigtöpfe,
Ameisen krabbeln in Pfeifenköpfe,
Ameisen krabbeln auf Brillengläser,
Ameisen krabbeln auf Zittergräser,
Ameisen krabbeln auf Eisenbahnschwellen,
Ameisen krabbeln auf dunklen, auf hellen
Teppichen, Tischen, auf Bänke, auf Bäume,
Ameisen krabbeln in alle Räume,
Ameisen krabbeln leider, leider
in Hosen, Hemden, in sämtliche Kleider,
besonders, wenn du sie ausziehst beim Baden –
und dass sie nicht krabbeln am Hals, an den Waden,
ist's besser, du schüttelst die Kleider gut aus
und trägst nicht die Krabbelameisen nach Haus!

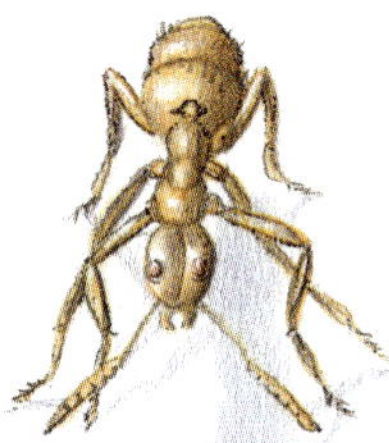

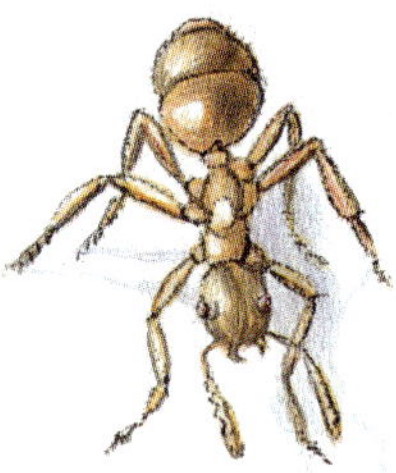
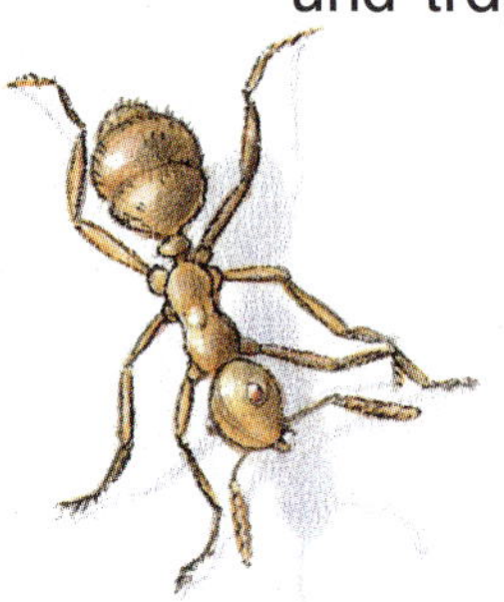

Der seltsame Zweig

Lisa-Marie Blum

Die kleine Meise wundert sich. Sie hat scharfe Augen. Saß da nicht eben eine Raupe am Birnbaum? Kroch langsam den Zweig hinauf? Natürlich, die kleine Meise hat es genau gesehen. Aber auch die kleine Spannerraupe hat die Meise gesehen. Die kleine dicke Raupe will einmal ein Schmetterling werden. Sie hat noch viel vor. Sie muss noch sehr wachsen. Die Meise darf sie nicht verschlucken.

Gefahr! Die kleine Raupe spürt es sofort.

Sie klammert sich mit den Hinterbeinen fest an den Ast.

Dann richtet sie den Leib starr auf und streckt ihn aus.

So sieht sie wie ein kleiner brauner Zweig aus.

Die Raupe ist ein Zweig geworden, ein braunes Ästchen. Die kleine Meise guckt. Sie wartet. Nichts rührt sich. Die kleine Raupe bleibt starr und steif.

Die Meise schilpt, schließlich fliegt sie davon. Zweige!

Nein, das ist kein gutes Futter. Zweige sind viel zu hart.

Die kleine Raupe rollt sich wieder zusammen und kriecht weiter den Ast hinauf. Sie will ein Schmetterling werden. Und sie kann gut Theater spielen. Eine schlaue kleine Raupe.

Das kluge Eichhörnchen

Es war einmal ein Fuchs, der hatte lange nichts Richtiges zu fressen gehabt und durchstreifte mit knurrendem Magen den Wald. Da begegnete ihm ein junges Eichhörnchen.

Das wäre etwas für mich, dachte der Fuchs, dem das Wasser im Maul zusammenlief. Aber wie sollte er das flinke Tierchen fangen? Es sprang mit einer bewundernswerten Leichtigkeit von Zweig zu Zweig hoch über ihm.

Da kam dem Fuchs ein listiger Gedanke.

„Grüß dich, Eichhörnchen!“, rief er dem rotbraunen Kletterkünstler heuchlerisch zu. „Ich habe noch deinen Vater gekannt. Er war noch flinker und behender als du. Er sprang nämlich nicht nur von Zweig zu Zweig, sondern von Baum zu Baum. Das kannst du sicher nicht. Die Jugend von heute ist nicht mehr mit der von früher zu vergleichen.“

Solche Worte ärgerten das Eichhörnchen. Es rief darum dem Fuchs zu: „Was mein Vater konnte, das kann ich auch! Schau nur her!“

Es nahm einen großen Anlauf, machte einen Weitsprung zum nächsten Baum und verfehlte ihn.

Es fiel dem hungrigen Fuchs direkt vor die Füße. Der Rote legte ihm sofort die Pranke auf den Rücken und sagte lachend: „Du Dummkopf bist auf meinen Trick hereingefallen. Ich werde dich jetzt mit dem größten Vergnügen verspeisen."

Wenn er aber glaubte, das Eichhörnchen würde jammern, so täuschte er sich. Es sah ihn mit seinen klugen Äuglein an und sagte leise: „Gut, du warst der Klügere von uns. Ich habe verloren und muss mich mit meinem Schicksal abfinden. Eins aber sollst du wissen: Ich habe auch deinen Vater gekannt und weiß, dass er sich vor jedem Essen bekreuzigt hat, denn er war fromm und weise."

„Das bin ich auch", sagte der Fuchs und bekreuzigte sich. Kaum aber hatte er die Pranke gehoben, da war ihm das Eichhörnchen entwischt, hatte sich auf einen Baum gerettet und lachte von oben den dummen Fuchs aus.

Der saß verdrossen und verwirrt unter dem Baum und wusste nicht, wie ihm so etwas geschehen konnte. Und dabei hatte er geglaubt, ein besonders schlaues Tier zu sein.

Mit dem Schmaus
war's aus.

Eine Fabel
aus Frankreich

In dieser Minute

Eva Rechlin

In der Minute, die jetzt ist –
und die du gleich nachher vergisst,
geht ein Kamel auf allen vieren
im gelben Wüsensand spazieren,
und auf den Nordpol fällt jetzt Schnee,
und tief im Titicacasee
schwimmt eine lustige Forelle.
Und eine hurtige Gazelle
springt in Ägypten durch den Sand.
Und weiter weg im Abendland
schluckt jetzt ein Knabe Lebertran.
Und auf dem großen Ozean
fährt wohl ein Dampfer durch den Sturm.
In China kriecht ein Regenwurm
zu dieser Zeit zwei Zentimeter.
In Prag hat jemand Ziegenpeter.
Und in Amerika ist wer,
der trinkt grad seine Tasse leer,
und hoch im Norden irgendwo,
da hustet jetzt ein Eskimo,
und in Australien – huhu –
springt aus dem Busch ein Känguru.
In Frankreich aber wächst ein Baum
ein kleines Stück, man sieht es kaum,
und in der großen Mongolei
schleckt eine Katze Hirsebrei.
Und hier bei uns, da bist nun du
und zappelst selber immerzu,
und wenn du das nicht tätest, wär
die Welt jetzt stiller als bisher!

1 Ab Zeile 26 kannst du selbst weiterdichten.

Die Welt um uns herum

So mancher Baum

Monika Ehrhardt

So mancher Baum in unsrer Stadt
hat seine Zeit auf Erden satt,
die Luft ist voll Motorenmief,
und keine Wurzel reicht so tief,
dass er aus hellen Wassern trinkt,
ein Baum, der uns doch Freude bringt,
wir brauchen ihn mit jedem Blatt,
es braucht ihn eine ganze Stadt,
er soll nur immer geben,
doch wovon soll er leben,
doch wovon soll er leben?

So leben die Bäume in der Stadt

Christina Björk

Der Stamm meines Ahorns ist so dick, dass Blümle und ich ihn kaum zusammen umfassen können. Mein Ahorn ist 200 Jahre alt, sagt Blümle. Ich denke auch gern in die Zukunft: Ein Baumbaby, das heute gepflanzt wird, ist ein schöner großer Baum, wenn meine Kinder und Enkelkinder groß sind.

Eigentlich ist so ein frisch gepflanzter Baum kein Baby mehr, sagt Blümle, eher ein Jugendlicher, denn wenn man sie in der Stadt pflanzt, sind die Bäume schon einige Jahre in einer „Baumschule“ gewesen. Viele Menschen haben diese Bäumchen gepflegt, sie gedüngt, begossen, jedes Jahr Kronen und Wurzeln beschnitten. Sonst wären die Bäume nur in die Höhe geschossen und spillrig[1] geworden. Nein, dick und stark muss ein Baum sein, um das Stadtleben zu verkraften; Asphalt, Autos, Abgase; Schmutz *oberhalb* der Erde, Schmutz *unterhalb* der Erde: Rohre, Leitungen, Garagen, Beton. Und doch hat ein Baum reichlich Erde unter dem Asphalt. Bäume, die an Fußwegen und Straßen wachsen, leben nicht so lange wie Parkbäume. Sie werden höchstens 50 bis 80 Jahre alt.

Ohne Bäume wäre eine Stadt sehr traurig, denn Bäume sind für vieles gut:

- als Wohnung (für Vögel, Eichhörnchen usw.)
- zum Klettern
- zum Drunterausruhen
- zum Auffrischen der Stadtluft
- zum Bestimmen der Jahreszeit.

Und dann sind Bäume auch noch hübsch anzusehen. Ja, wir müssen unsere Bäume schützen. Auch die kleinen, sonst gibt es keine großen Bäume mehr für unsere Kinder und Enkelkinder. Und Urenkel!

[1] spillrig = dünn

Bäume

Frieder Stöckle

Bäume
Baumkronen
Blätterdach
Rindestreicheln
Astwiegen
Zweigversteck
Stammgebirge
Holzhöhe
Gipfelblick
Gabelsitz
Nestgehege
Grünhorizont
Waldwebe
Holzdom
Sonnenfänger
Windorchester
Frischluftspender
Lebensbaum
Bäume

Viele Waldgebiete in Deutschland sind durch Luftverschmutzung stark beschädigt.

UMWELT-LEXIKON

Umwelt

Pflanzen | Umwelt | Selbermachen | Gesundheit | Ernährung | Tiere | Energie | Technik

Abwasser
Abwasserreinigung
Agenda 21
Auto
Biotop
Dosen
Holz
Holzarten erkennen
Klamotten
Kranke Bäume
Landwirtschaft
Lawinen
Naturschutz
Ökosystem
Parks und Gärten
Pestizide
Saurer Regen
Tierschutz im Garten
Waldboden
Waschen und Putzen
Was ist ein Ozonloch?
Ein Vulkan erwacht
Wasser

Naturschutz

Da so viele Lebewesen vom Aussterben bedroht sind, hat der Staat Naturschutzgebiete eingerichtet, in denen die Tiere und Pflanzen in Ruhe leben, sich erholen und sich vermehren können. Etwa ein Hundertstel der Fläche Deutschlands steht unter Naturschutz.

Solche Gebiete können ein Wald, ein Sumpf, ein Gebirge oder ein Flussufer sein. Dort darf man dann nicht spazierengehen, nicht baden und es dürfen dort auch keine Bäume gefällt werden.

Auch für einzelne gefährdete Tiere und Pflanzen gibt es einen staatlichen Schutz. Man nennt ihn Artenschutz. Unter Artenschutz stehen zum Beispiel Biber und Igel, Fledermäuse, Blindschleichen, Salamander, Bienen, Waldameisen und Laubfrösche. Es ist per Gesetz verboten, diesen Tieren etwas anzutun. Und auch geschützte Pflanzen wie die Alpenrose, der Enzian oder der Fingerhut dürfen nicht gepflückt werden.

Neben den gesetzlichen Naturschutzbestimmungen gibt es viele private Organisationen, die eine Menge tun, um die Natur zu schützen. Die meisten haben auch spezielle Gruppen für Kinder und Jugendliche.

- **Mitmachen kann man zum Beispiel beim**
  - Emil Grünbär Klub
  - der BUND-Jugend,
  - der Naturschutzjugend,
  - bei Robin Wood oder Greenpeace.

Wenn du in der Nähe eines Waldes wohnst, kannst du dich auch mal beim Förster erkundigen, ob du ihm beim Pflanzen und der Pflege neuer Bäume helfen darfst.

Homepage | Wer ist Emil? | Monatsthema | Spiel + Spaß | Deine Meinung
Emils LINK-Tipp | Umwelt-Lexikon | Terminkalender

1 Wenn ihr etwas im Umwelt-Lexikon nachschauen wollt, dann findet ihr die Seite im Internet unter: www.emil-gruenbaer.de/klub/lexikon/1lexikon.htm

2 Versucht doch einmal, die anderen Umwelt-Organisationen im Internet zu finden.

Der letzte Baum

Štěpán Zavřel

Vor vielen, vielen Jahren lebten in einer Stadt zwei Kinder. Eigentlich sahen sie euch recht ähnlich. Das Mädchen hieß Lea, der Junge Said. Wie ihr wohnten sie zusammen in einer Hütte, und zusammen durchstreiften sie den Wald.

Mit der Zeit lernten sie viele Arten von Bäumen kennen. Sie sahen, dass die Nadeln der Pinie heller sind als die der Tanne, und dass sie paarweise am Zweig stehen. Sie merkten, dass die Nadeln der Tanne nicht ewig halten, sondern nach wenigen Jahren abfallen, und dass immer wieder neue nachwachsen. Die Nadeln der Zeder aber, dunkelgrün wie Tannennadeln, fielen nie ab. Said und Lea wunderten sich. Wie verschieden doch Bäume waren!

Und dann begannen sie, selber Bäume zu pflanzen.

Jeden Tag gingen sie in den Wald. Sie gruben sorgfältig junge Bäumchen aus, die wild zwischen den mächtigen Stämmen wuchsen, und setzten sie in ihren Garten.

Sie freuten sich. In ihrer Baumschule kamen sie sich wie Lehrer vor. Sie achteten darauf, dass ihre Schüler keinen Buckel machten oder sonst krumm heranwuchsen.

Und jeden Abend, wenn die Sonne am Horizont stand, füllten sie die große Gießkanne und gaben ihren Schützlingen Wasser.

Eines Tages, es war schon gegen Abend, sahen die Kinder drei Männer über die Brücke kommen. Die drei Fremden gingen zum Marktplatz und stellten ihre Säcke ab. Schwere goldene Halsketten waren drin, funkelndes Geschmeide. Bald rollten Armreife aus Bernstein aufs Pflaster, Perlen, Korallen und geschliffene Muscheln. Die Leute waren ganz aufgeregt. Was die Händler wohl für all diese Schätze wollten?

„Nichts Besonderes, nur Holz“, sagten die Fremden. „Aber viel Holz, so viel ihr herbeischaffen könnt. Wenn es genug ist, könnt ihr noch mehr Geschmeide haben. – Auch an die Kinder haben wir gedacht", sagten sie lächelnd. „Hier sind Zuckermandeln, Schokoladestängel, süßsaure Bonbons und Kandiszucker."

Die Leute besahen sich den kostbaren Schmuck und waren begeistert. Sie ließen die Fremden hochleben, und es wurde viel getanzt und viel gesungen in der Nacht.

Am anderen Morgen begann es. Die Leute halfen einander, und ein Baum nach dem andern stürzte krachend nieder. Das Kreischen der Sägen drang durch den ganzen Wald. Die fremden Männer waren zufrieden.

Sie verteilten Gold und Silber und brachten das Holz fort.

So verging Woche um Woche. Der Wald lichtete sich, einige Hügel standen schon glatt und kahl. Niemand achtete darauf. Und niemand nahm sich die Zeit, junge Bäume zu pflanzen. Die Erde wurde rauer und trockener, die Bäche führten weniger Wasser, es regnete nur noch selten.

Je lichter aber der Wald wurde, umso mehr füllten sich die Truhen mit Gold, Silber, Edelsteinen und Geschmeide. Die Nacken der Bürgersfrauen bogen sich unter der Last der Halsketten, die Zähne der Kinder waren schon gelb, blau, grün und schwarz geworden vom vielen Schlecken.

Said und Lea hatten ihr Schleckzeug längst weggeworfen. Sie sammelten Nacht für Nacht den Tau in großen Tüchern, die sie auf dem Boden ausbreiteten. Mit dem Tau und dem wenigen Wasser, das der Brunnen noch spendete, begossen sie sorgsam die jungen Bäumchen in ihrem Garten.

Wo der Wald gestanden hatte, war der Boden ganz hart geworden. Und wenn es einmal regnete, floss das Wasser gleich ab. Die Vögel fanden keinen Schatten mehr. Sie fielen erschöpft zu Boden. Die Leute aber hackten noch immer Holz.

Eines Tages fanden sich alle Leute vor einem mächtigen Baum. Schon setzten sie Säge und Axt an, da merkten sie, dass es die berühmte alte Zeder war! Ringsum war kein Wald mehr zu sehen. Die große Zeder war der letzte Baum, der ihnen noch geblieben war. Die Hügel starrten kahl. In der Ferne konnte man die Wüste sehen. Da erschraken die Leute. „Wir haben unsern Wald zerstört!“, riefen sie aus. „Was machen wir jetzt?“ Aber niemand wusste eine Antwort. Die Erde war ausgetrocknet und brüchig geworden. Und aus der Ferne trug ein leichter Wind Sand herbei.

Langsam kam der Sand näher. Er legte sich auf die ganze Gegend. Er häufte sich am Fuß der Zeder. Er bedrohte die Stadt. Da rissen sich die Leute ihre Perlenketten vom Hals. Es waren Glasperlen! Sie öffneten ihre Truhen: Aus dem Gold war Trompetengold geworden, aus dem Silber Katzensilber! Die Leute waren wütend. Sie warteten auf die fremden Männer. Aber die kamen nicht mehr.

„Was sollen wir tun?“, fragten die Leute, noch immer ratlos. „Wie können wir uns vor der Wüste retten?“

Da traten Said und Lea zu ihnen.

„Ihr müsst neu anpflanzen“, sagten sie. „In unserem Garten wachsen junge Bäumchen, ganz verschiedenartige. Wir werden sie ausgraben und hierher verpflanzen. Beginnen wir mit den Pinien und Zedern. Die können auch im Sandboden wachsen. Und wenn dann die Erde wieder fester geworden ist, holen wir auch die anderen Bäumchen und pflanzen sie daneben. Dann nehmen wir Samen von ihnen und stecken sie in die Erde. Mit der Zeit haben wir wieder einen kleinen Wald. Und es wird auch wieder Tau fallen und später Regen. Aber das dauert noch lange. Vorher müssen wir die kleinen Stämme begießen, jede Nacht, so lange noch Wasser in den Brunnen ist.“

Die Leute wunderten sich über die Kinder. Aber dann machten sie, was Said und Lea ihnen geraten hatten. Sie arbeiteten Tag und Nacht. Und endlich regnete es wieder, und nach vielen Monaten breitete sich auch wieder ein junger Wald aus.

Fliegen

Der amerikanische Astronaut Jeff Williams war sechs Stunden und 44 Minuten auf einem Weltraumspaziergang. *Foto: dpa*

Dädalos und Ikaros

Nacherzählt von Wolfgang Menzel

Dädalos, ein berühmter Baumeister aus Griechenland, hatte aus Neid seinen Lehrling umgebracht. Deswegen war er auf die Insel Kreta verbannt worden. Nach einigen Jahren bekam er großes Heimweh und wäre gern wieder nach Griechenland zurückgekehrt. Ein Schiff konnte er aber nicht bekommen, weil ihn Minos, der König von Kreta, nicht fortlassen wollte.

Da kam dem erfinderischen Mann ein Einfall zu Hilfe. „Durch die Luft will ich davonfliegen", sagte er, „das kann niemand verhindern." Er klebte Vogelfedern zusammen und verband sie mit Wachs und Schnüren. Sein Sohn Ikaros half ihm dabei und machte sich selbst auch kleine Flügel. Dädalos passte sich sein Gefieder an und schwebte leicht durch die Lüfte. Dann kam er zurück und sagte zu Ikaros: „Flieg immer hinter mir her! Aber flieg nicht zu tief, damit die Federn im Meer nicht nass werden! Und flieg nicht zu hoch, damit dein Gefieder den Sonnenstrahlen nicht zu nahe kommt!"

Jetzt erhoben sich beide hoch in die Luft, und Dädalos achtete darauf, dass sein Sohn seinen Anweisungen folgte. Bald aber flog Ikaros doch höher und höher. Die Sonne erweichte das Wachs, das seine Flügel zusammenhielt, die Federn lösten sich ab, und Ikaros stürzte ins Meer und ertrank. Dädalos landete auf einer kleinen Insel, und bald wurde sein Sohn ans Ufer gespült. Der Vater begrub ihn. Zur Erinnerung daran erhielt die Insel den Namen Ikaria.

Absturz des Ikaros (Holzschnitt, 1493).

Gleitflugapparat von Louis Pierre Mouillard

Wir heben ab

Christof Gießler

Mit allen möglichen und unmöglichen Gerätschaften haben sich die Menschen in die Luft gewagt. Das hat zwar mancher mit seinem Leben bezahlt, funktionsfähige Flugzeuge sind aber in dieser Zeit nicht zu Stande gekommen. Erst Otto Lilienthal hat mit seinen systematischen[1] Studien über den Vogelflug den Grundstein für die Fliegerei gelegt. Aber auch er verunglückte tödlich. Die Experimente mit seinen eleganten Gleitseglern waren jedoch Ausgangspunkt für die erfolgreichen ersten Motorflugzeuge der Gebrüder Wright.

Aus einem Sachbuch für Kinder

[1] systematisch = planmäßig, gezielt

Manchmal

Frantz Wittkamp

Manchmal, wenn ich im Garten liege,
und langsam ziehen die Wolken dahin,
fühle ich deutlich, wie ich fliege.
Ich glaube, dass ich ein Vogel bin.

Die vier Spezialflugzeuge

Erwin Moser

Nicki Stiller, der berühmte Flugzeugkonstrukteur, hat vier neue Flugzeugmodelle entworfen und gebaut. Als Erstes erfand er den fliegenden Hai. Dies ist ein sehr schnelles Jagdflugzeug. Beim ersten Flugversuch stürzte er zwar ab, aber das Modell Nr. 2 war bereits viel besser gebaut.

Dann erfand Nicki das fliegende Schwein. Dieses Modell hat eine eigenartige Antriebsart. Und zwar wird durch die Nasenlöcher des Flugschweins Luft eingesaugt. Im Inneren ist dann eine große, heiße Luftblase, die das Flugschwein aufsteigen lässt. Dann wird die Luft durch eine Düse am Ende des Schweins ausgestoßen, wodurch die Antriebskraft entsteht. Sollte dieses komplizierte System einmal versagen, kann der Pilot immer noch den Ohren-Mechanismus einschalten. Die Ohren des Flugschweins fangen dann wie Flügel zu schlagen an, und das Schwein kann nicht abstürzen.

Als Nächstes erfand Nicki Stiller den Schildkröt-Transport-Hubschrauber. Dieser Spezialhubschrauber kann große Lasten über weite Strecken transportieren. Besonders reizvoll ist die Pilotenkanzel angelegt. Der Pilot hat einen schönen Rundblick.

Und zum Schluss baute Nicki das 10-Flügel-Flugzeug. Das war seine tollste Erfindung. Das 10-Flügel-Flugzeug hat einen langen Rumpf, an dessen Seiten fünf bewegliche Flügelpaare angebracht sind. Und zwar der Reihe nach: ein paar Libellenflügel, ein Paar Adlerflügel, ein Paar Fledermausflügel, dann Schwalbenflügel und zuletzt Spatzenflügel. Dieses Flugzeug hat zwar einen etwas unregelmäßigen Flug, wenn alle Flügelpaare in Bewegung sind, aber dafür kann es niemals abstürzen. Mit welcher dieser Flugmaschinen würdest du am liebsten fliegen?

Ballon – leichter als Luft

Immer wieder haben Menschen überlegt, mit welchem Gerät man sich in die Luft erheben und fliegen könnte.

Ein solches Gerät ist der Ballon aus luftdichtem Stoff. Er wird mit heißer Luft gefüllt. Luft dehnt sich nämlich aus, wenn sie erhitzt wird. Sie ist dann leichter als die normale Luft.

Damit die Luft im Ballon heiß bleibt, brennt unter der Ballonöffnung ein Feuer. Früher nahm man dafür Stroh. Heute benutzt man Gasbrenner. So erhält der Ballon Auftrieb, kann anheben und davonfliegen.

Die Ballonfahrer sind in einem Korb, der unter dem Ballon hängt. Sie können den Ballon nicht lenken, sondern lassen sich vom Wind treiben. Die Höhe der Fahrt können sie aber bestimmen. Soll der Ballon höhersteigen, muss Ballast (Sand in Säcken) abgeworfen werden. Soll er tiefergehen oder landen, wird eine Ventilklappe geöffnet und Luft aus dem Ballon abgelassen. Wenn die Luft im Ballon abkühlt, wird er schwerer und sinkt auch. Deshalb wird der Brenner immer wieder für kurze Zeit eingeschaltet.

Der erste Heißluftballon wurde 1783 von den Brüdern Montgolfier gestartet. Das war vor mehr als 200 Jahren.

1 Wenn ihr noch mehr über Heißluftballons erfahren möchtet, könnt ihr im Internet nachschauen:
www.emil-gruenbaer.de/mo_thema/mo_thema.htm

Bücher, Bücher

Erzählbild von Nikolaus Heidelbach.

Lieber Herr Auer, …

Macht Geschichten zu schreiben Spaß?

Tragen Sie eine Brille? Welche Musik hören Sie?

Wo schreiben Sie Ihre Geschichten?

Wann können Sie am besten Geschichten schreiben? Haben Sie schon etwas weggeworfen, was Sie geschrieben haben?

Ich lese Ihre Geschichten gerne!

Wie sind Sie darauf gekommen, ein Autor zu werden?

Haben Sie keinen Boss als freier Autor?

Was ist Ihre Lieblingsfarbe? Wann müssen Sie aufstehen? Schlafen Sie am Wochenende lange? Treiben Sie gerne Sport?

Was ist Ihr Leibgericht? Haben Sie ein Haustier? Was ist Ihr größter Wunsch?

Welche Geschichte ist Ihre Lieblingsgeschichte?

Schicken Sie uns auch mal einen Brief?

Wie heißt Ihr bester Freund?

Haben Sie als Kind gerne gelesen? Sind Ihre Geschichten alle frei erfunden oder haben Sie manche selbst erlebt?

Ihre Geschichten gefallen mir sehr gut, vor allem die von der Welt in der Schachtel!
Viele Grüße, …

… Ihre 3c.

Woher kommen die Ideen?

Martin Auer

Martin Auer.

Eine Frage, die mir Kinder immer wieder stellen, ist:
„Wie kommst du eigentlich auf deine Ideen?“

Manche Ideen kommen, ich weiß nicht woher, sie fliegen vielleicht wirklich durch die Luft, oder sie kommen aus einer Ecke in meinem Hirn, von der ich gar nicht gewusst habe, dass es sie gibt. Manche Geschichten fallen mir ein, wenn ich auf der Straße gehe und Leute beobachte, aber auch, wenn ich die Zeitungen lese, oder wenn ich fernsehe, oder wenn ich Bücher lese. Geschichten sind oft Antworten – auf andere Geschichten. Manche Geschichten aber sind Antworten auf Fragen, die ich mir früher einmal gestellt habe, als ich ein Kind war. Irgendwo in mir drinnen sitzt noch immer der kleine Martin von damals, und der große Martin von heute erklärt ihm die Dinge, die der kleine Martin von damals nicht verstanden hat. Manchmal sagt der große Martin von heute zum kleinen Martin von damals: „Siehst du, so einfach ist das. Gar kein Grund, sich zu fürchten.“ Und der kleine Martin von damals nickt getröstet.

Wenn mich etwas sehr wundert, und ich finde eine Antwort auf die Frage, dann schreibe ich eine Geschichte, damit andere Leute meine Antwort auch erfahren können. Wenn mich etwas sehr wundert, und ich finde keine Antwort, dann schreibe ich eine Geschichte, damit sich andere Leute auch wundern und mir vielleicht die Antwort sagen, wenn sie eine finden.

Die Welt in der Schachtel

Martin Auer

Zum Geburtstag bekam Irina von ihrer Tante Luisa ein ganz besonderes Geschenk. Es war eine Schachtel aus Karton, gerade so groß, dass Irinas Kopf hineinpasste. Wenn man den Deckel von der Schachtel hob, sah man zunächst nur ein bisschen Dunst oder Nebel, aber wenn man vorsichtig hineinblies, schoben sich die Dunstwölkchen zur Seite, und man sah in der Schachtel eine richtige kleine Welt schweben.

Sie hatte alles, was eine Welt so braucht, Meere mit kleinen Inseln und Kontinente mit Bergen und Flüssen und Seen. Und wenn man ganz genau hinsah, konnte man sehen, dass auf den Kontinenten allerhand Tiere herumliefen und fraßen und jagten und Junge bekamen, und sogar Menschen waren da, die Kartoffeln anpflanzten und Städte bauten und mit Schiffen über die Meere fuhren. Die Tiere sahen etwas anders aus als die, die Irina in ihrer großen Welt kannte. Es gab da Rhinofanten und Giraffodile, in den Wäldern jodelte die Brilleneule und im Meer schwamm der Kühlschrankfisch.

Das Beste aber war, dass Irina in die kleine Welt hineingehen konnte. Sie brauchte nur ihren Finger oder ihre Nase in die Schachtel zu stecken, und es machte „ffft“ und Irina konnte auf der kleinen Welt spazieren gehen. Bei jemand anderem funktionierte es nicht, nur bei Irina. Irina konnte herumgehen und den Menschen in ihre Kochtöpfe schauen, sie konnte sich auf einer Insel eine Palmenhütte bauen, sie konnte Meeresforscherin sein und mit ihrem Unterseepaddelboot das Leben der Tintenfische beobachten und mit den Gewohnheiten der Kugelschreiberfische vergleichen. Sie konnte Zirkusse, Theatervorstellungen und Rockkonzerte besuchen, einen Freund kennen lernen, heiraten, Kinder kriegen und eine alte Frau werden und trotzdem rechtzeitig zum Abendessen wieder zurück sein.

Jeden Nachmittag war Irina etwas anderes.

Einmal war sie eine Ärztin, die tausend kranke Kinder heilte und einmal eine Bärenbändigerin im Zirkus.

Einmal war sie eine Tischlerin und baute wunderbar bequeme Möbel, die nie kaputt gingen,
und einmal war sie Kapitänin eines Forschungsschiffes, das die Eismeere durchkreuzte.
Sie war Rollschuhläuferin und Malerin und Fernsehreporterin und Schuldirektorin und Eiskunstläuferin,
sie war Bäuerin und Bergsteigerin und Segelfliegerin,
und einmal flog sie ein halbes Jahr in einem Ballon.
Es war ein wunderbares Geschenk. Aber wie jedes Spielzeug wurde auch dieses einmal langweilig und landete irgendwann einmal auf dem Dachboden. Zu ihrem nächsten Geburtstag bekam Irina ein Kinderfahrrad.

1 Stelle dir vor, du würdest den Kopf in Irinas Schachtel stecken. Schreibe auf, was du siehst.

Wir stellen Lieblingsbücher vor

Inga.

Mein Lieblingsbuch ist die **Geschichte** vom Sams, die Paul Maar geschrieben hat. Das Sams ist ein ganz besonderes Wesen, das mit dem Herrn Taschenbier viele Abenteuer erlebt. Dabei spielen die blauen Punkte in Sams' Gesicht eine wichtige Rolle.
Damit ihr wisst, wie das Sams aussieht, lese ich euch mal etwas aus dem Buch *Eine Woche voller Samstage* vor.

Eine Woche voller Samstage

Paul Maar

An der nächsten Straßenecke stand dicht gedrängt eine Menschengruppe. Herr Taschenbier ging neugierig darauf zu. Die Leute betrachteten etwas. Es schien nicht sehr groß zu sein, denn alle blickten mit gesenktem Kopf nach unten. Er versuchte herauszufinden, was es da zu sehen gab. Aber er war zu klein, und die Leute standen zu dicht.

„Man muss den Zoo benachrichtigen. Sicher ist es dort ausgebrochen. Ein gewöhnlicher Mensch hält sich so etwas nicht“, sagte eine Frau, die ganz vorn stand. Offenbar war es irgendein Tier.

„Das scheint eine Affenart zu sein“, stellte ein Mann fest.

„Affenart? Mit dem Rüssel? Sieht eher wie eine Art Frosch aus“, rief ein anderer Mann dazwischen.

„Ein Frosch kann es unmöglich sein. Das Ding hat doch feuerrote Haare. Haben Sie schon mal einen Frosch mit Haaren gesehen? Noch dazu so groß?“

Das wurde ja immer interessanter: ein Tier, das man sowohl für einen Frosch als auch für einen Affen halten konnte!

„Sie sollten sich schämen, sich so über ein kleines Kind lustig zu machen. Sie als erwachsene Menschen, pfui!“, sagte empört eine dicke Frau und sah strafend um sich.

„Ein kleines Kind? Sie sind wohl kurzsichtig“, sagte der Mann, der das Wesen für einen Affen gehalten hatte.

Aber die dicke Frau ließ sich nicht beirren. Sie beugte sich hinunter und sagte: „Wie heißt du denn, mein Kindchen?“

Herr Taschenbier konnte immer noch nichts sehen. Aber er hörte etwas. Eine helle, durchdringende Stimme sagte laut und deutlich: „Bin kein Kindchen, bäh!“

Die umstehenden Leute rissen vor Erstaunen den Mund auf.

„Das kann ja reden“, rief ein Mann.

„Richtig deutsch“, sagte eine Frau verwundert.

„Habe ich ja immer gesagt“, stellte die Dicke fest und beugte sich wieder hinunter. „Sag doch mal was, mein Kindchen!“, forderte sie es auf.

1 Sprecht darüber, welche Geschichten ihr gern lest.

Pettson ve kedi uzun bir sopa bulmak için her yeri aradılar. Kümese baktılar, marangozhaneye baktılar, bahçeye baktılar, odunluğa baktılar, kanepenin altına, dolaba baktılar, ama hiçbir yerde uzun bir sopa yoktu. Sonunda Pettson marangozhanenin çatısında bir balık oltası olduğunu hatırladı.

Ich habe ein **Bilderbuch** mit dem Titel *Doğumgünü Pastası* mitgebracht. Es ist ein Buch, das ich meiner kleinen Schwester in Türkisch vorgelesen habe. In Deutsch hat es den Titel *Eine Geburtstagstorte für die Katze.* Sven Nordqvist hat es geschrieben und illustriert.
In dem Bilderbuch geht es um einen alten Mann, der manchmal etwas vergesslich ist, und um seinen klugen Kater Findus.

Özlem.

Und hier ist der deutsche Text zu der linken Seite:

Und Pettersson und sein Kater suchten
überall nach einem langen Stock.
Sie suchten im Hühnerstall, hinter dem
Tischlerschuppen, im Holzschuppen,
im Garten, hinter dem guten Sofa
und in der Speisekammer.
Aber nirgends fanden sie einen langen Stock.
Bis Pettersson plötzlich einfiel,
dass er eine lange Angel oben auf dem Speicher
vom Tischlerschuppen hatte.

1 Bringt Bilderbücher mit,
die ihr euch früher oft angesehen habt.
Manche lest ihr vielleicht heute noch gern.

Ich lese am liebsten **Comics.** Hier habe ich einen Comic über den kleinen Indianerjungen *Yakari.* Job und Derib haben diesen Comic geschrieben und gezeichnet. Yakari träumt von seinem Freund, dem „Großen Adler“, und spricht mit ihm.

Florian.

1 Welche Comicserien kennt ihr?

Wir haben einen neuen Computer bekommen. Meine Schwester hat mir gezeigt, wie ich am PC schreiben und spielen kann. Ich lese aber auch gern in dem **Sachbuch** *PCs für Kids von 8 bis 88.* Der Hase Harry Hops zeigt mir im Buch, was ich noch alles am Computer machen kann.
Das Computerbuch für Kinder hat Hans-Georg Schumann geschrieben. Hier ist ein Ausschnitt aus dem Buch zu lesen:

Hares.

Erst mal einen Computer anschauen

Von weitem hat so ein Ding sicher jeder schon mal gesehen: Einen Computer. Das kommt aus dem Englischen und heißt auf Deutsch eigentlich so viel wie Rechner. Und mehr als rechnen kann ein Computer in Wirklichkeit auch gar nicht. Denn in seinem Inneren macht er alles, was er zu fassen kriegt, zu Zahlen und berechnet damit die irrsten Dinge.

Was für uns dabei herauskommt, sind dann aber nicht nur Zahlen, sondern unter anderem Texte, Bilder und Töne. Und damit man überhaupt etwas davon mitkriegt, was der Computer da ausspuckt, gibt es ein paar Geräte zum Sehen und zum Hören.

Computer sind übrigens nicht nur diese großen Klötze, die bei vielen Leuten auf den Schreibtischen herumstehen. Auch Taschenrechner sind Computer, in Waschmaschinen, im Auto, sogar in deiner Armbanduhr sind Computer eingebaut. Die berechnen das Waschprogramm, sorgen dafür, dass das Auto nicht viel Benzin verbraucht, und zeigen regelmäßig die Zeit an.

Man könnte einen Computer als Rechenmaschine bezeichnen. Alles, womit man ein solches Gerät füttert, wandelt er in ein eigenes Zahlensystem um. Damit rechnet er dann. Und was am Ende dabei herauskommt, kann z. B. ein Bild sein oder ein Text. Genannt wird das Ganze Daten. Ganz schlaue Leute sagen daher zum Computer auch Datenverarbeitungsanlage oder sprechen geheimnisvoll von DVA.

Auch wenn du mit dem Computer spielst, rechnet er ständig. Du bekommst davon nur mit, dass sich z. B. eine Figur auf dem Bildschirm bewegt oder ein Klang ertönt.

Rund um das Buch

1 Autorin/Autor:
Das ist die Person, die das Buch geschrieben hat. Ihren Namen findest du immer vorn auf dem Buchumschlag. Autoren, die Geschichten schreiben, nennt man auch Schriftsteller.

2 Manuskript:
Der Autor oder die Autorin schreibt die Geschichten auf, ehe sie an den Verlag geschickt werden. Das geschieht entweder mit der Hand („Manuskript" heißt Handschrift), mit der Schreibmaschine oder dem Computer. Oft muss das Manuskript mehrfach überarbeitet werden, bis es richtig gut ist.

3 Verlag:
Die Autorin oder der Autor schickt seine Manuskripte an den Verlag. Dort werden die Manuskripte geprüft. Wenn der Verlag das Manuskript veröffentlichen will, lässt er es setzen, drucken und die Bücher binden. Die fertigen Bücher werden an Buchhandlungen verkauft.

4 Illustratorin/Illustrator:
Das sind Personen, die die Bilder zu den Geschichten malen oder zeichnen. Man nennt sie auch Grafiker.

5 Setzerei, Druckerei, Binderei:
In der Setzerei werden die Manuskripte in den Computer eingegeben. Das nennt man Setzen. In der Druckerei wird das Papier bedruckt und in der Binderei werden die Seiten zu einem Buch gebunden.

6 Buchhandlung, Bibliothek:
Die Buchhandlung ist ein Geschäft, das Bücher verkauft. Man kann dort zum Beispiel Bilderbücher, Sachbücher oder Schulbücher kaufen. In der Bibliothek kann man Bücher ausleihen und lesen. Man nennt sie auch Bücherei.

Rund um das Fernsehen

1 Drehbuch:
Das Drehbuch wird von einer Autorin oder einem Autor als Arbeitsgrundlage für einen Film, eine Serie, ein Fernsehspiel oder eine Kindersendung geschrieben. Es enthält den Text für die Schauspieler und Hinweise für den Regisseur.

2 Regisseur/Regisseurin:
Der Regisseur oder die Regisseurin sagt den Schauspielern, wie sie sich zu verhalten haben, wie sie sprechen und sich bewegen sollen, welche Geräusche gemacht werden und so weiter.

3 Aufnahmeteam:
Zum Aufnahmeteam gehören die Kameraleute, die mit ihren Kameras die Szenen aufnehmen (drehen).
Die Toningenieure sind für den Ton zuständig und die Beleuchter setzen mit ihren Scheinwerfern die Szenen ins richtige Licht.

4 Live-Sendung:
Manche Aufnahmen werden als Live-Sendung direkt übertragen, das heißt, sie kommen sofort auf den Bildschirm. Das ist häufig bei Sportsendungen der Fall. Andere Sendungen werden auf Band aufgezeichnet und zu einem späteren Zeitpunkt gesendet.

5 Cutter/Cutterin:
Der Cutter oder die Cutterin („cut“ bedeutet Schnitt) fügt die aus dem aufgenommenen Material ausgewählten Szenen zum fertigen Film zusammen.

6 Werbung:
Viele Fernsehsendungen werden von Werbung unterbrochen. Die Firmen bezahlen den Sendern Geld für die Zeit, in der ihre Werbung gezeigt wird. Manche Sender nehmen Geld nur durch Werbung ein. Andere Sender erhalten Gebühren von den Fernsehzuschauern.

14 Tage ohne Fernseher

Isolde Ohlbaum: Mädchen.

Till Eulenspiegel

Barbara Bartos-Höppner

Till Eulenspiegel hatte sich ein neues Kunststück ausgedacht. Die Leute sollten am nächsten Sonntag zur Saale hinunterkommen, dort würde er es zum Besten geben.

Als die Leute am Sonntagnachmittag zum Ufer der Saale kamen, hatte Eulenspiegel ein Seil über den Fluss gespannt. Eulenspiegel sagte: „Ich habe euch ein Kunststück versprochen, eine Zauberei. Aber wenn es wirklich gelingen soll, dann müssen mir ein paar von euch ihre linken Schuhe geben."

Nun dauerte es nicht lange, und um Eulenspiegel herum standen lauter linke Schuhe. Es mochten mehr als hundert sein.

Eulenspiegel nahm sie und fädelte sie auf eine Schnur, hängte sich die Kette aus linken Schuhen um den Hals und stieg damit auf das Seil hinauf.

Eulenspiegel ließ die Schnur mit den Schuhen über seinem Kopf kreisen, zog plötzlich eine Schere hervor und schnitt die Schnur mittendurch.

Die Schuhe fielen auf die Erde hinunter. Die Leute stürzten sich darauf und schrien.

Eulenspiegel turnte währenddessen oben auf dem Seil herum.

„Lass du dich nur auf dem Marktplatz blicken, dann geht's dir schlecht!", rief einer.

Aber das hatte Eulenspiegel von Anfang an nicht vorgehabt. Er lief über das Seil ans andere Saale-Ufer hinüber, kletterte hinunter und verschwand für ein paar Wochen.

1 Wenn du die Geschichte vollständig lesen möchtest, dann kannst du auf der nächsten Seite noch einmal anfangen.

Till Eulenspiegel geht noch einmal aufs Seil

Barbara Bartos-Höppner

Till Eugenspiegel soll vor etwa 600 Jahren in Deutschland gelebt und viele Leute an der Nase herumgeführt haben.
Von klein auf war er sehr lebhaft, klug und besonders eigenwillig. Den Vater hat er früh verloren. Der Mutter machte es großen Kummer, dass sich die Leute oft über Tills Streiche beschwerten.
Als er ein junger Mann war, hatte Till Eulenspiegel keine Lust, einen ordentlichen Beruf zu erlernen. Viel lieber übte er, auf einem Seil zu tanzen.
Eines Tages war die Mutter besonders wütend über ihren Sohn. Anstatt ihr bei der Arbeit zu helfen, hüpfte und tanzte er schon wieder auf einem Seil über die Saale. Heimlich schnitt sie das Seil durch. Till fiel vor den Augen seiner vielen Zuschauer in den Fluss und wurde ausgelacht. Für diesen Spott wollte er sich rächen.

Till Eulenspiegel ließ ein paar Wochen verstreichen, dann streute er in seine Gespräche, am Brunnen oder im Wirtshaus, geheimnisvolle Bemerkungen ein. Er hätte sich ein neues Kunststück ausgedacht, sagte er, eine echte Zauberei, und sie sollten am nächsten Sonntag, nachmittags, zur Saale hinunterkommen, dort würde er es zum Besten geben. Die jungen Männer sagten es ihren Mädchen, die Mädchen ihren Freundinnen, die Kinder erfuhren es und natürlich auch die Alten.
Als die Leute am Sonntagnachmittag zum Ufer der Saale kamen, hatte Eulenspiegel bereits wieder ein Seil über den Fluss gespannt, diesmal jedoch nicht vom Dachboden des Hauses seiner Mutter. Eulenspiegel zog die jungen Leute in ein Gespräch und sagte: „Ich habe euch ein Kunststück versprochen, eine Zauberei. Aber wenn es wirklich gelingen soll, dann müssen mir ein paar von euch ihre linken Schuhe geben. Mit meinem Schuh allein ist die Wirkung längst nicht so groß."
„Warum nicht", sagte der eine, und einer, der neben ihm stand, sagte: „Eben." Und sie zogen sich ihre linken Schuhe aus.
Nun dauerte es nicht lange, und um Eulenspiegel herum standen lauter linke Schuhe, große und kleine, hohe und niedrige, lederne und leinene, von Männern und Frauen, Kindern und Erwach-

senen. Es mochten mehr als hundert sein. Eulenspiegel nahm sie und fädelte sie, einen nach dem anderen, auf eine Schnur, hängte sich die Kette aus linken Schuhen um den Hals und stieg damit auf das Seil hinauf.

Alle Augen waren jetzt auf ihn gerichtet. Eulenspiegel stand eine Weile da, zog ein nachdenkliches Gesicht, gerade so, als müsste er überlegen, wie er das Kunststück am besten anfangen wollte.

„Wird auch jeder von euch seinen Schuh wiedererkennen?", rief er.

„Ja – ja – ja –", kam es von unten.

„Also, gut", rief Eulenspiegel, ließ die Schnur mit den Schuhen über seinem Kopf kreisen, zog plötzlich eine Schere hervor und schnitt die Schnur mittendurch.

Die Schuhe fielen auf die Erde hinunter. Die Leute stürzten sich darauf, stolperten übereinander, fielen hin und schrien: „Meiner ist das!" – „Das ist meiner!" – „Gib her, das ist meiner!" Nicht lange, und die ersten schlugen aufeinander ein, zogen sich an den Haaren, schubsten sich zur Seite und zankten sich, dass die Fetzen flogen.

Eulenspiegel turnte währenddessen oben auf dem Seil herum. „He, he", rief er, „dass mir auch jeder unter den linken Schuhen den rechten findet."

„Er macht sich auch noch lustig", rief einer, „der Galgenstrick!"

„Wie ihr euch über mich lustig gemacht habt", bekam er zur Antwort, „als ich in die Saale gefallen bin."

„Lass du dich nur auf dem Marktplatz blicken, dann geht's dir schlecht!", rief wieder einer.

Aber das hatte Eulenspiegel von Anfang an nicht vorgehabt. Er lief über das Seil ans andere Saale-Ufer hinüber, kletterte hinunter und verschwand für ein paar Wochen.

Irgendwo in Helmstedt oder Magdeburg fand er Unterschlupf bei einem Schuster, dem er Schuhe flicken half. Eines Abends aber kam er zu seiner Mutter nach Hause. Er packte zu, wo er konnte, sah ihr jeden Wunsch von den Augen ab, und sie dachte: Es wird schon noch gut mit ihm werden.

Peanuts

Charles M. Schulz

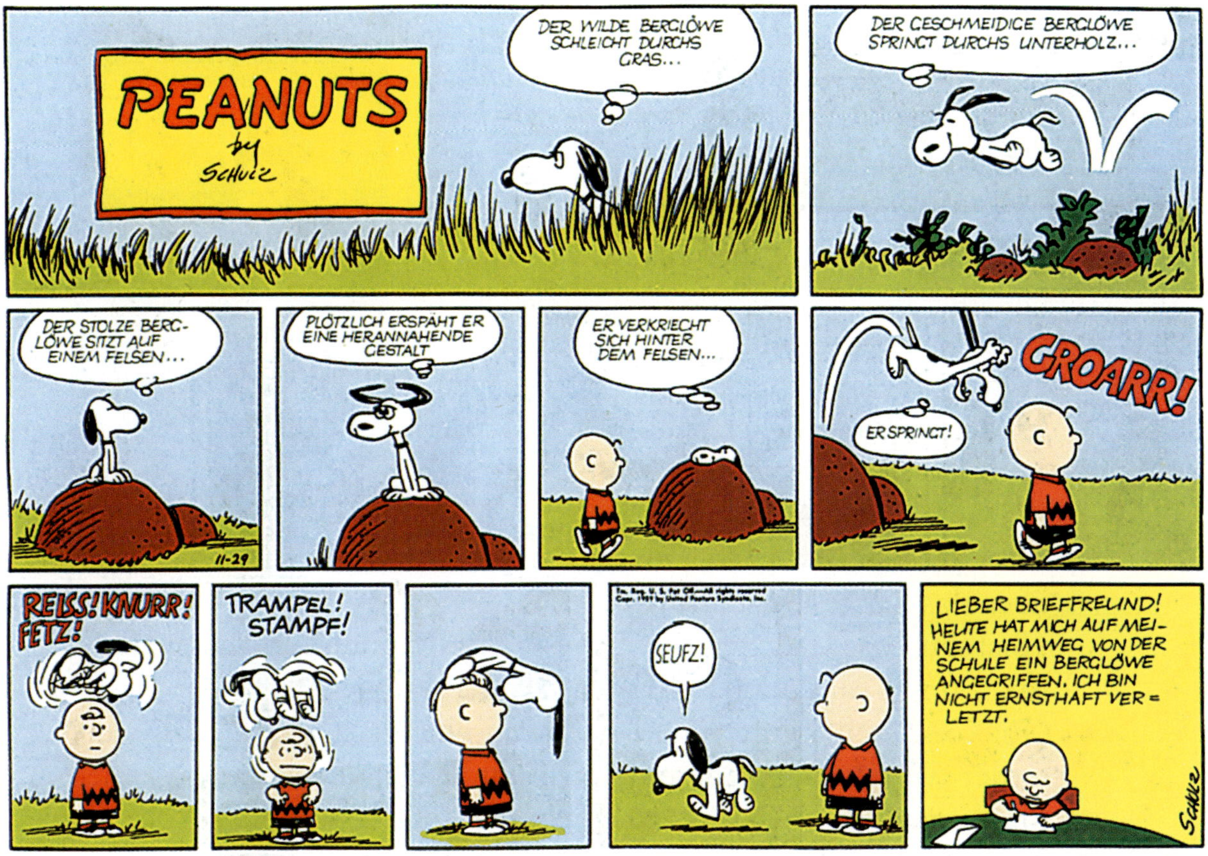

1 Stellt dir vor, du bist der Brieffreund von Charlie Brown.
Was würdest du ihm schreiben?

Pippi Langstrumpf

Astrid Lindgren

Pippi Langstrumpf ist so stark, dass sie leicht erwachsene Menschen und Pferde hochheben kann. Sie hat aber nicht nur Kraft in ihren Muskeln.

„Wie schön ist es doch zu leben“, sagte Pippi und streckte ihre Beine weit aus. Gerade da kamen zwei Polizisten in voller Uniform durch die Gartentür.

„Oh“, sagte Pippi, „ich muss heute wieder einen Glückstag haben. Polizisten sind das Beste, was ich kenne – gleich nach Rhabarbergrütze.“

Sie ging den Polizisten entgegen und strahlte vor Entzücken über das ganze Gesicht.

„Bist du das Mädchen, das in die Villa Kunterbunt eingezogen ist?“, fragte einer der Polizisten.

„Im Gegenteil“, sagte Pippi. „Ich bin eine ganz kleine Tante, die in der dritten Etage am anderen Ende der Stadt wohnt.“

Pippi sagte das nur, weil sie einen Spaß machen wollte. Aber die Polizisten fanden das durchaus nicht lustig. Sie sagten, Pippi solle nicht versuchen, Witze zu machen. Und dann erzählten sie, gute Menschen in der Stadt hätten dafür gesorgt, dass Pippi einen Platz in einem Kinderheim bekäme.

„Ich hab schon einen Platz in einem Kinderheim“, sagte Pippi.

„Was sagst du, ist das schon geregelt?“, fragte der eine Polizist. „Wo ist das Kinderheim?“

„Hier“, sagte Pippi stolz. „Ich bin ein Kind, und das hier ist mein Heim, also ist es ein Kinderheim. Und Platz habe ich hier. Reichlich Platz.“

„Liebes Kind“, sagte der Polizist und lachte, „das verstehst du nicht. Du musst in ein richtiges Kinderheim und brauchst jemanden, der sich um dich kümmert.“

„Kann man in eurem Kinderheim Pferde haben?“, fragte Pippi.

„Nein, natürlich nicht“, sagte der Polizist.
„Das hab ich mir gedacht“, sagte Pippi düster. „Na, aber Affen?“
„Natürlich nicht, das musst du doch verstehen.“
„Ja“, sagte Pippi, „dann müsst ihr euch von anderswoher Kinder für euer Kinderheim besorgen. Ich habe nicht die Absicht, dahin zu gehen.“
„Aber begreifst du nicht, dass du in die Schule gehen musst?“, sagte der Polizist.
„Wozu muss man in die Schule gehen?“
„Um alles Mögliche zu lernen natürlich.“
„Was alles?“, fragte Pippi.
„Vieles“, sagte der Polizist, „eine ganze Menge nützlicher Sachen, zum Beispiel Multiplikation, weißt du, das Einmaleins.“
„Ich bin gut neun Jahre ohne Plutimikation zurechtgekommen“, sagte Pippi, „da wird es auch weiter so gehen.“
„Ja, aber stell dir vor, wie unangenehm es für dich sein wird, so wenig zu wissen, wenn du mal groß bist. Vielleicht fragt dich dann jemand, wie die Hauptstadt von Portugal heißt und du kannst keine Antwort geben.“
„Doch kann ich eine Antwort geben“, sagte Pippi. „Ich antworte nur: Wenn es so verzweifelt wichtig für dich ist zu wissen, wie die Hauptstadt von Portugal heißt, dann schreib doch direkt nach Portugal und frage!“
„Ja, aber glaubst du nicht, dass es dir unangenehm sein würde, dass du es nicht selbst weißt?“
„Kann schon sein“, sagte Pippi. „Vielleicht würde ich manchmal abends wach liegen und fragen und fragen: Wie in aller Welt heißt die Hauptstadt von Portugal? Na ja, man kann nicht immer nur Spaß haben“, sagte Pippi und stellte sich ein bisschen auf die Hände. „Übrigens war ich mit meinem Papa in Lissabon“, fuhr sie fort, während sie noch auf den Händen stand, denn auch so konnte sie reden. […]

1 Diese Geschichte geht noch sehr spannend weiter. Am Ende erzählen die beiden Polizisten allen Leuten, Pippi sei für ein Kinderheim nicht geeignet. Könnt ihr euch denken, warum?

Lari Fari Mogelzahn

Janosch

Das also ist Lari Fari, der Nussknacker mit dem auswechselbaren Lügengebiss. Mit dem Löwengebiss, mit dem Riesensteinbeißergebiss, mit dem Fuchsfanggebiss und noch hundert anderen Zähnen, die er früher auswechseln konnte, die ihm aber der Räuber Powidel geklaut hat, behauptet er. Und das Pfeffermühlengebiss ist ihm vor elf Jahren bei Sturm von der Brücke in den Fluss gefallen, sagt er. Wenn das bloß nicht gelogen ist!

Wie Lari Fari Mogelzahn einmal Ochsen gemolken hat, beinah eine komplizierte Kuchenmaschine erfand, und wie ihn der ehrliche Löwe Hans verspeisen wollte

„Ich hatte einmal“, erzählt heute der Nussknacker Lari Fari Mogelzahn, „eine gute Anstellung bei einem Bauern in Bumslau, als Knecht.

Damals hatte ich nur dreiundzwanzig Gebisse zum Auswechseln. Das traf sich gut; denn der Bauer hatte auch genau dreiundzwanzig Ochsen im Stall.

Ich werde euch sagen, wie ich mir die Arbeit eingeteilt habe, denn das ist das Wichtigste bei der Arbeit: Man muss sie schlau einteilen, dann tut sie nicht so weh an den Zähnen.

Während noch alles schlief, habe ich meine dreiundzwanzig Milcheimer in den Stall getragen, habe jedem Ochsen einen Eimer unten druntergestellt, habe jedem Ochsen ein Gebiss von mir an den Schwanz gesteckt und ließ dann jedes Gebiss einen Ochsen melken. Ich habe hinterher nur noch die Milcheimer weggetragen, so schlau war ich!“

„So schlau ist der? Dass ich nicht lache!“, knurrt der ehrliche Löwe Hans. „So schlau, dass er nicht weiß, dass Ochsen gar nicht am Schwanz gemolken werden, sondern … sondern, ich hab es jetzt auch vergessen, wo. Aber ich rieche dich schon, wie gut du mir schmecken wirst, du Lügner, aber ehrlich.“

Das stimmt aber auch nicht, denn Ochsen geben überhaupt keine Milch.

„Und dann sollte einmal Hochzeit sein. Und zwar zwischen dem Sohn des Bauern, dem Ignaz, und der Tochter vom Speckmaier. Aber die Hochzeit fand beinahe nicht statt. Sie hatten nämlich etliche hundert Leute eingeladen, und der Kuchenteig wurde in hundert großen Waschzubern angerührt. Nachher hatte der Teig nirgends Platz, überall lag er herum. Sie walzten ihn auf den Straßen und Feldern aus und pappten ihn auf die Dächer. Sogar der Marktplatz war voll davon. Die Mägde schafften es nicht, ihn aus den Zubern raus und woanders wieder reinzuschaffen. Überall Berge von Teig! Man konnte kaum noch das Brautpaar sehen. Sie dachten schon, die Hochzeit fiele aus. –

Da kam ich!

Ich legte mich bequem hinter einen Berg aus Teig …“

„Bei uns in Wasserburg ist auch einmal eine schöne Hochzeit ausgefallen“, fängt der Tintenkasper, der Quasselkopp, schon wieder an. „Das war schliiiimm! Da haben sie nämlich keine Braut gehabt, aber auch keinen Bräutigam. Alle Leute waren schon da, und der Bäcker …“

Der Fidelbär geigt ihm schnell eins mit dem Geigenbogen über die Birne, und er ist sofort wieder still. Der Nussknacker kann weitererzählen:

„... legte mich also bequem hinter einen Berg aus Teig und ließ mein Riesenpackgebiss den Teig schaufeln und auf Straßen und Felder transportieren, hier aufschnappen und dort wieder ausladen! So habe ich eine Kuchenpackmaschine erfunden. Ist nicht gelogen!“

„Jetzt, Kamerad Lügengebiss, pack ich dich auch“, sagt der ehrliche Löwe Hans. „Jetzt nimm mal dein klappriges Gebiss aus deinem Lügenmaul und mach ihm allein eine schöne Beerdigung, *du* wirst nämlich gefressen, mit Stumpf und Stiel. Denn du hast gelogen. So!“

Der Löwe kommt näher, schnappt den Nussknacker schon an der Hose und beißt ...

„Nein, nein“, sagt das Krokodil Belebamfidelradatz, „so eine Maschine kenn ich auch. Hat vorne genau solche Zähne wie der Nussknacker und heißt hinten Bagger. Bloß hat sie unten Räder dran. Ich hab einmal in einer Kiste gewohnt, dort war so ein Ding.“

Der ehrliche Löwe Hans nimmt die Zähne wieder vom Nussknacker und brummt: „Wenn das wahr ist, dann ist es nicht gelogen. Manchmal denk ich mir, der lügt, und manchmal denk ich, er lügt nicht. Er macht mich noch ganz verrückt, aber ehrlich.“

„Also, beinahe hätte ich einen Bagger erfunden“, sagt der Nussknacker, „bloß hatte ich keine Räder, aber ich habe ihn wenigstens *halb* erfunden. Ist nicht gelogen.“

Der Kochtopf

Unbekannter Verfasser

Einmal ging der Hodscha[1] zu seinem Nachbarn und lieh sich einen großen Kochtopf von ihm aus. Nach einigen Tagen setzte er eine kleine Metall-Kaffeekanne in den Kochtopf und gab diesen dem Eigentümer zurück. „Was ist das?“, fragte der Nachbar, indem er auf die Kaffeekanne deutete. „Oh, während dein Kochtopf in meinem Haus war, hat er das geboren“, erwiderte der Hodscha. Sein Nachbar war über diese erfreuliche Nachricht entzückt und nahm beides, den Kochtopf und die Kaffeekanne, entgegen. Nach einer Weile lieh sich der Hodscha wieder den Kochtopf von seinem Nachbarn aus. Aber dieses Mal gab er ihn nicht rechtzeitig zurück, sodass der Mann ihn von dem Hodscha zurückfordern musste. Der Hodscha sagte: „Ich kann ihn dir nicht zurückgeben. Dein Kochtopf ist gestorben!“ „Gestorben? Wie kann ein Topf sterben?“ „Nun, warum nicht?“, erwiderte der Hodscha. „Wenn du glauben kannst, dass er etwas gebären kann, warum kannst du dann nicht glauben, dass er gestorben ist?“

Schelmengeschichte aus der Türkei

[1] geistlicher Lehrer

Vom Königssee, der die Frau auf die Hochzeit ließ

Alfons Schweiggert

Ein Bauer und eine Bäuerin aus Schönau waren auf eine Hochzeit in Traunstein geladen. Aber sie hatten Schweine und Kühe, die versorgt werden wollten. Und weil der Weg weit und ein ganzer Tag für die Hochzeit nötig war, sollte nur eins von ihnen gehen dürfen.

„Du kannst gut daheimbleiben“, sagte die Frau, „du kommst so und so oft in die Stadt, während ich jahraus, jahrein zu Hause hocke.“ „Du tust dir leicht“, erwiderte der Mann. „Erstens kann ich nicht ordentlich melken, und zweitens habe ich mit dem Vetter allerlei zu bereden.“

So stritten sie ein Weile hin und her, und keines wollte die Hochzeit sausen lassen. Zuletzt fiel der Frau das Echo vom Königssee ein. Wenn man auf der Mitte des Sees etwas laut rief, so gab die Bergwand immer Antwort.

„Wie wär's, wenn wir den Königssee fragen täten, wer von uns zur Hochzeit soll?”, sagte die Frau.

„Das ist kein übler Einfall“, sprach der Mann. Sie ruderten also auf den Königssee hinaus. Der Mann sollte zuerst anfragen, und so rief er denn: „Soll ich auf die Hochzeit gehen oder daheimbleiben?“

„… daheimbleiben!“, antwortete der Königssee.

Nun kam die Frau dran: „Soll ich daheimbleiben oder zur Hochzeit gehen?“ „… Hochzeit gehen!“, rief der Königssee. „Da siehst du's“, sagte die Frau, „der Berg und der See sind ganz meiner Meinung.“

Damit war der Streit für die Frau entschieden, und mit gutem Gewissen machte sie sich einen lustigen Tag. Der Bauer aber saß zu Hause und brummte: „Das hätte ich vom Königssee auch nicht gedacht, dass er den Weibern hilft. Aber so ist es immer, wenn du glaubst, einer hilft dir, legt er dich stattdessen hinterfotzig herein.“

Jahreszeiten, Feste und Feiern

Bauernregeln

Ist's an Neujahr hell und klar,
so deutet das ein fruchtbar Jahr.

Hängt's Laub in den November rein,
wird der Winter lange sein.

April – mehr Regen als Sonnenschein,
dann wird's im Juni trocken sein.

So golden im Juli die Sonne scheint,
so golden sich der Roggen neigt.

Karneval

Wolfgang Menzel

Verrückt geht's zu im Karneval!
Ein jeder lacht und singt
und ist nicht mehr so ganz normal
und hat sich bunt geschminkt,

hat sich verkleidet und verziert
und tanzt und springt und schwebt,
hat sich vermummt und sich maskiert
– und Nasen angeklebt.

Die Maske grinst, die Fratze lacht,
die Klatsche um sich haut,
die Flöte piept, die Pauke kracht,
die Rasseln scheppern laut.

Ein Hase tanzt mit einem Schwein,
drei Geister tanzen Ringelreihn,
ein Engelchen tanzt mit Piraten,
die Hexe tanzt mit Akrobaten.

Ein wilder Kerl tanzt mit Vampiren,
ein Esel hüpft auf allen vieren,
ein Hahn tanzt mit 'nem Känguru,
ein Monster macht Musik dazu.

Es tanzt die Fee, der Astronaut,
der Teufel mit Räuberbraut,
die Katze tanzt mit Mickymaus …

Wer noch mit wem tanzt? – Denk dir's aus!

Bastelanleitung

Für ein lustiges Klassenfest könnt ihr euch verkleiden.
Die Kostüme bastelt ihr selbst.

Ihr braucht dazu:
große Papiersäcke (Mehl-, Zuckersäcke),
Plaka in vielen Farben, Filzstifte, dicke und dünne Pinsel,
Dosen, Krepppapier, Klebstoff, Schere,
Filz- und Stoffreste, Wolle, bunte Bänder, Borten usw.

So wird es gemacht:
Zwei Kinder arbeiten zusammen. Der Lehrer, die Lehrerin oder die Eltern helfen euch.
Ihr zieht den Papiersack über den Kopf, bis er festsitzt.
Von außen markiert ihr mit Filzstiften Augen, Nase und Mund.
Danach nehmt ihr den Sack vom Kopf und schneidet mit der Schere vorsichtig die Öffnung für Augen, Nase und Mund hinein.
Nun zieht ihr den Sack nochmals zur Kontrolle über den Kopf und markiert die Stellen für die beiden Arme.
Schneidet die Öffnungen anschließend aus.
Jetzt überlegt euch, was ihr darstellen wollt.
Malt dann den Körper in den passenden Farben an.
Der Kopf mit Augen, Mund und Nase wird mit Krepppapier, Stoff-, Filz- und Wollresten geschmückt.
Ohren können angeklebt werden.

Viel Freude beim Gestalten
und beim Spiel!

Frühling

Christine Nöstlinger

Eines Morgens
ist der Frühling da.
Die Mutter sagt,
sie riecht ihn in der Luft.

Pit sieht den Frühling.
An den Sträuchern im Garten
sind hellgrüne Tupfen.

Anja hört den Frühling.
Neben ihr, auf dem Dach,
singen die Vögel.

Unten vor dem Haus
steigt Vater in sein Auto.
Er fühlt den Frühling.
Die Sonne scheint warm
auf sein Gesicht.

Aber schmecken
kann man den Frühling
noch nicht.
Bis die Erdbeeren reif sind,
dauert es noch lange.

Ich male mir das Frühjahr

Wolfgang Menzel in Verehrung Josef Guggenmos'

Ich male ein Bild,
ein schönes Bild,
ich male mir das Frühjahr.
Hell ist das Land,
und grün ist der Baum,
und blau ist der Himmel darüber.

Und überall
sind an dem Baum
viel weiße Blüten zu sehen.
Eine Amsel singt
auf dem höchsten Zweig,
kein Wind kann sie runterwehen.

Und noch eine Amsel!
Was macht die dort
zwischen all den blühenden Zweigen?
Sie schnarrt im Geäst,
sie hüpft um ihr Nest,
das will sie dem Männchen zeigen.

Wer mein Bild besieht,
wie's da Frühling ist,
wird den Frühling mit
Freude genießen.
Der zieht seine Schuh' und Strümpfe aus
und geht barfuß über die Wiesen.

Ich weiß es

Manfred Mai

Mama legt die vielen Werbeblätter der letzten Tage auf einen Stapel und schüttelt den Kopf. „Immer soll man kaufen, kaufen, kaufen. Und wenn ein Fest bevorsteht, ist es besonders schlimm."

Papa nickt. „Manchmal könnte man wirklich meinen, Ostern und Weihnachten gäbe es nur noch, damit möglichst viel gekauft wird."

„Ich glaube, manche Leute wissen schon gar nicht mehr, warum wir diese Feste eigentlich feiern", meint Mama. „Ihnen sind nur noch die Geschenke wichtig."

„Die Geschenke sind doch auch das Wichtigste bei einem Fest", sagt Marvin.

Mama und Papa sehen sich einen Augenblick an.

Dann sagt Mama zu Marvin: „Geschenke gehören zwar zu einem Fest, aber sie sind nicht das Wichtigste."

„Doch!", behauptet Marvin.

„Weißt du überhaupt, warum wir Ostern feiern?", fragt Papa.

Marvin überlegt.

„Na?"

„Wegen Jesus, glaube ich", antwortet Marvin.

Papa nickt anerkennend. „Und was war mit Jesus an Ostern?"

„Da ist er geboren … Nein, halt, das war ja an Weihnachten", verbessert sich Marvin schnell.

„Und an Ostern?"

Diesmal denkt Marvin nach, bevor er antwortet. „An Ostern ist er am Kreuz gestorben."

„Und?"

„Dann war er tot." Marvin findet es seltsam, dass so etwas gefeiert wird.

„Wenn man stirbt, ist man meistens tot", stichelt Papa. „Aber bei Jesus war das eben anders."

„Ach so, ja", sagt Marvin. „Er ist aus dem Grab gestiegen und in den Himmel gekommen."

„Hm", sagt Papa.

„Und weil Jesus von den Toten auferstanden ist, feiern wir das Osterfest", sagt Mama. „Wer nicht einmal das mehr weiß, sollte überhaupt kein Geschenk zu Ostern bekommen."

„Ich weiß es ja", sagt Marvin und grinst.

Osterbräuche

Speisenweihe
Am Ostersonntag rufen die Glocken zum Kirchgang. An diesem Tag bringen die Menschen in Bayern Eier, Brot, Geräuchertes und gebackene Osterlämmer mit in den katholischen Gottesdienst. Die Speisen werden dort vom Pfarrer gesegnet. Nach dem Kirchgang werden sie gemeinsam verzehrt.

Eierpecken
Ein alter, besonders bei Kindern in Oberbayern beliebter Brauch ist das Eierpecken oder Oarbeckn. Bei diesem Spiel sitzen sich zwei Kinder gegenüber. Jedes Kind hält in der Hand ein gekochtes Ei. Die Kinder stoßen ihre Eier mit der Spitze gegeneinander. Der Spieler, dessen Ei ganz bleibt, bekommt das Ei des anderen.

Osterbrunnen
Viele Dörfer in der Fränkischen Schweiz wetteifern zu Ostern um den schönsten Osterbrunnen. In den Tagen vor Ostern werden die Brunnentröge mit Girlanden aus Buchsbaum und Fichtenzweigen umkränzt. Die Girlanden werden mit Hunderten von bemalten Ostereiern geschmückt. Dieser Brauch erinnert an eine große Wassernot, die einst in dieser Gegend herrschte.

Georgi-Ritt
In einigen Orten Bayerns finden am Ostermontag festliche Ritte zu Ehren des heiligen Georg statt. Dieser gilt als Schutzpatron der Pferde. Reitergruppen, Musikkapellen und Trachtenvereine ziehen zu einer Kapelle oder Kirche. Dort segnet der Pfarrer die Reiter und ihre Pferde.

Zum MUTTERTAG
Liebe
Mutti,
ich mag dich!
Du bist EINE
Blütenpracht!
Du bist mitAbstand
die
Beste,
mit der man leben kann.

Muttertag

Rosemarie Neie

Von allen Müttern auf der Welt
ist keine, die mir so gefällt
wie meine Mutter, wenn sie lacht,
und wenn sie mir die Tür' aufmacht.
Auch wenn sie aus dem Fenster winkt
und mit mir rodelt, mit mir singt,
wenn sie auf meinem Bettrand sitzt,
solang es donnert oder blitzt,
und wenn sie sich mit mir versöhnt,
bei einer Krankheit mich verwöhnt –
ja, was sie überhaupt auch tut,
ich mag sie immer, bin ihr gut,
und hin und wieder wundert's mich,
dass wir uns fanden, sie und ich.

Kurban bayramı

Das Opferfest ist eines der großen Feste des Islam. In der Türkei wird es Kurban bayramı genannt. Es wird zur Erinnerung an den Stammvater Abraham gefeiert. Gott wollte einstmals die Glaubensstärke Abrahams prüfen und befahl ihm, seinen Sohn zu opfern. Doch Gott verschonte den Sohn und schickte Abraham stattdessen einen Widder. Abraham schlachtete das Tier als Zeichen seines Gehorsams. Die Opferung eines Tieres ist seit alters her bekannt. Sie ist eine religiöse Handlung. Die Menschen wollen Gott gegenüber freundlich erscheinen, damit er alles Böse von ihnen fernhält.

Heute feiern die Menschen des Islam vier Tage lang ihr Opferfest. Vor und während dieser Zeit besuchen Millionen von ihnen das Heiligtum in der Stadt Mekka. Auch andere Orte, die in Abrahams Geschichte vorkommen, werden besucht. Sie feiern und beten in den Moscheen zu Gott. In diesen vier Tagen werden auch Kranke besucht, und wer Streit hat, versöhnt sich wieder.

In den Dörfern im Osten der Türkei ist die Vorfreude auf dieses Fest besonders bei den Kindern groß. Schon viele Monate vor dem Fest kaufen die Bauernfamilien ein gesundes Opfertier. Die Kinder schenken ihm ihre besondere Aufmerksamkeit, geben ihm Futter, kämmen es und bringen es auf saftige Weiden.

Einige Tage vor dem Fest fahren die Leute vom Dorf in die nächste Stadt und kaufen Lebensmittel und schöne Kleider. In

der Nacht vor dem Fest können nur wenige Kinder gut schlafen. Ihre neuen Kleider liegen unter den Kopfkissen. Manche schlafen sogar mit ihren schönen Sachen im Arm ein.

Die Jungen gehen dann am Morgen mit ihren Vätern in die Moschee, um an den Gebeten teilzunehmen, zu denen der Vorbeter gerufen hat. Eine heilige Stille breitet sich im Dorf aus. Nach dem Besuch in der Moschee gratulieren sich alle gegenseitig. Die Kinder küssen den Erwachsenen, besonders den älteren Leuten, die Hände. Verfeindete Menschen vertragen sich wieder.

Nun beginnt in den Häusern die Vorbereitung zum Essen. Das Opfertier wird geschlachtet. Es gibt kaum ein Haus im Dorf, in dem der Kochtopf nicht mit Fleisch gefüllt ist. Der Tisch wird gedeckt, und das Fleisch des Opfertieres wird gekostet. Die Kinder verteilen auf Platten Fleisch an die armen Familien, die nicht schlachten konnten.

Am ersten Tag gehen die Männer und Kinder des Dorfes von Haus zu Haus und wünschen sich alles Gute. Auch die Kranken werden besucht. Der zweite Tag ist der Festtag der Frauen. Sie können sich nun von den anstrengenden Essensvorbereitungen ausruhen und sich gegenseitig besuchen. Am dritten und vierten Tag werden dann die entfernt wohnenden Verwandten und Freunde besucht. Für die Kinder sind diese vier Feiertage die schönsten Tage im ganzen Jahr.

Der Sommer

Christine Busta

Er trägt einen Bienenkorb als Hut,
blau weht sein Mantel aus Himmelsseide,
die roten Füchse im gelben Getreide
kennen ihn gut.

Sein Bart ist voll Grillen. Die seltsamsten Mären
summt er der Sonne vor, weil sie's mag,
und sie kocht ihm dafür jeden Tag
Honig und Beeren.

Das Ährenfeld

Heinrich Hoffmann von Fallersleben

Ein Leben war's im Ährenfeld
wie sonst wohl nirgends auf der Welt:
Musik und Kirmes weit und breit
und lauter Lust und Fröhlichkeit.

Die Grillen zirpten früh am Tag
und luden ein zum Zechgelag':
Hier ist es gut, herein! Herein!
Hier schenkt man Tau und Blütenwein.

Der Käfer kam mit seiner Frau,
trank hier ein Mäßlein kühlen Tau,
und wo nur winkt' ein Blümelein,
da kehrte gleich das Bienchen ein.

Den Fliegen ward die Zeit nicht lang,
sie summten manchen frohen Sang.
Die Mücken tanzten ihren Reihn
wohl auf und ab im Sonnenschein.

Das war ein Leben ringsumher,
als ob es ewig Kirmes wär'.
Die Gäste zogen aus und ein
und ließen sich's gar wohl dort sein.

Wie aber geht es in der Welt?
Heut' ist gemäht das Ährenfeld,
zerstöret ist das schöne Haus,
und hin ist Kirmes, Tanz und Schmaus.

Wie die Kartoffeln nach Europa kamen

Hans Mozer

Noch vor 500 Jahren war die Kartoffelpflanze bei uns unbekannt. Sie ist in Europa nämlich nicht heimisch, sondern stammt aus Peru in Südamerika. Schon vor über 2000 Jahren bauten die Indianer dort diese Pflanze an. Sie konnten die Kartoffeln durch Trocknen sogar haltbar machen. Spanische und englische Seefahrer brachten die Kartoffeln vor mehr als 400 Jahren nach Europa. Sie hielten die Knollen für eine Art Trüffel[1] und nannten sie Taratoufli. Aus diesem früheren spanischen Wort für Trüffel entwickelte sich der Name Kartoffel.

König Philip II. von Spanien erhielt im Jahre 1565 eine Kiste der neu entdeckten, seltenen Knollen. Er schenkte sie dem Papst Pius IV. „zur Wiederherstellung seiner Gesundheit“. Der Papst gab einen Teil des Geschenks einem Freund in den Niederlanden weiter. Doch damit wurde die Kartoffel noch lange nicht als Nahrungsmittel bekannt und verbreitet.

In den meisten europäischen Ländern, auch bei uns, war die Kartoffel nur als seltene Zierpflanze in Gärten von Gelehrten, Herzögen und Königen zu bewundern. Die Adligen erfreuten sich an den schönen Blüten.

[1] Trüffel sind knollenartige Pilze, die im Erdboden wachsen.

Als Nahrungsmittel wurden Kartoffeln zuerst in Spanien und Italien angepflanzt. Als König Friedrich Wilhelm I. davon hörte, befahl er in seinem Land Preußen den Anbau der Kartoffel als Nahrungsmittel. Er versprach sich davon eine bessere Versorgung der Bevölkerung. Doch die Bauern waren den neuen Knollen gegenüber sehr misstrauisch.

Es wird berichtet, dass erst Jahre später sein Sohn, König Friedrich II., auch bekannt als der „Alte Fritz“, mit einer List erreichte, die Bauern für die Kartoffeln zu interessieren:

Er ließ Kartoffelfelder zum Schein streng bewachen. Die neugierigen Bauern schlichen nachts auf die Felder und wollten wissen, was es dort Wertvolles gäbe. Körbeweise stahlen sie dann die Knollen und pflanzten sie auf ihren eigenen Feldern. Genau das wollte ja der König erreichen!

Etwa seit dem Jahr 1740 wurden in Preußen Kartoffeln als Nahrungsmittel angepflanzt. Ohne die Kartoffel als Grundnahrungsmittel hätten viele Menschen in den Städten Hunger leiden müssen.

Allee im Herbst

Georg Bydlinski

Die Bäume senden Luftpostbriefe.
Langsam schweben sie zu Boden.
Wer sie sieht, versteht die Botschaft:
Winter kommt bald.

Herbst

Joseph von Eichendorff

Es ist nun der Herbst gekommen,|
hat das schöne Sommerkleid|↗
von den Feldern weggenommen|↗
und die Blätter ausgestreut,|

vor dem bösen Winterwinde|↗
deckt er warm und sachte zu|↗
mit dem bunten Laub die Gründe,|↗
die schon müde gehen zur Ruh.||

1 Lies das Gedicht einmal so, wie es angegeben ist: Die Zeichen für das Lesen werden dir auf Seite 14 erklärt.

Nebelspruch

Ursula Wölfel

Nebel steht weiß,
streift dein Gesicht,
deckt dir das Eis,
frisst dir das Licht.

Geh nicht ins Feld,
läufst bald im Kreis!
Fremd ist die Welt –
Nebel steht weiß.

Wenn die Nebelfrau kocht

Hanna Hanisch

Wer hockt hinterm Berge,
verhutzelt und grau?
Die alte Hexe,
die Nebelfrau.

Sie schöpft aus der Pfütze,
kocht graudicke Grütze.
Mischt Wasser mit Luft,
mengt Sonne mit Tau.
Das gibt eine Suppe!
Das gibt ein Gebrau!

Ein Löffel Warm,
zwei Hand voll Kalt –
schon brodelt's am Berge.
Schon dampft es im Wald.

Eine Prise Wind,
halb kalt, halb lau. –
Hihi, so schmeckt es
der Nebelfrau.

Die Grütze blubbert,
steigt über den Rand.
Hu, was für ein Nebel!
Verschwunden das Land.

Das Gewicht der Schneeflocke

Fredrik Vahle

„Es schneit“, sagte der Wolf.
„Was du nicht sagst, Gevatter“, brummte der Bär.
„Mehr als tausend Schneeflocken“, sagte der Fuchs,
„aber auf meinem Pelz spüre ich sie überhaupt nicht!“
„Sie schmelzen auf meiner Hasennase“, sagte der Hase,
und dann fügte er noch nachdenklich hinzu:
„Man spürt sie nicht. Doch sie haben ein Gewicht!“
„Eine Schneeflocke wiegt weniger als nichts“, knurrte der Wolf.
„Und sie hat keine Kraft“, brummte der Bär.
„Aber sie wiegt doch etwas, und sie hat auch Kraft“,
sagte der Hase.
Die Tiere gerieten in Streit,
ob eine Schneeflocke etwas wiegt oder nicht.
„Wir wollen die Schneeflocken zählen,
die da auf den alten, dicken Ast fallen“, sagte der Hase.
„Da wird man ja sehen, ob eine Schneeflocke Gewicht hat.“
Der Bär und der Wolf lachten so laut,
dass es durch den ganzen Wald schallte.
Aber weil sie gerade nichts Besseres zu tun hatten,
zählten sie mit: Eins .. zwei .. drei .. vier .. fünf .. sechs .. sieben …
Als sie bei zweitausendachthundertsiebenundsechzig
angekommen waren, sagte es plötzlich „Krach“,
und der dicke, mächtige Ast brach ab.
„Der Hase hat recht“, knurrte der Wolf,
und sogar der Bär wunderte sich
über die Kraft der Schneeflocken.

Ich male mir den Winter

Josef Guggenmos

Ich male ein Bild,
ein schönes Bild,
ich male mir den Winter.
Weiß ist das Land,
schwarz ist der Baum,
grau ist der Himmel dahinter.

Sonst ist da nichts,
da ist nirgends was,
da ist weit und breit nichts zu sehen.
Nur auf dem Baum,
auf dem schwarzen Baum
hocken zwei schwarze Krähen.

Aber die Krähen,
was tun die zwei,
was tun die zwei auf den Zweigen?
Sie sitzen dort
und fliegen nicht fort.
Sie frieren nur und schweigen.

Wer mein Bild besieht,
wie's da Winter ist,
wird den Winter durch
und durch spüren.
Der zieht einen dicken Pullover an
vor lauter Zittern und Frieren.

Die Heilige Nacht

Eduard Mörike

Gesegnet sei die Heilige Nacht,
die uns das Licht der Welt gebracht! –

Wohl unterm lieben Himmelszelt
die Hirten lagen auf dem Feld.

Ein Engel Gottes, licht und klar,
mit seinem Gruß tritt auf sie dar.

Vor Angst sie decken ihr Angesicht.
Da spricht der Engel: „Fürcht't euch nicht!

Ich verkünd euch große Freud:
Der Heiland ist euch geboren heut.“

Da gehn die Hirten hin in Eil,
zu schaun mit Augen das ewig Heil;

zu singen dem süßen Gast Willkomm,
zu bringen ihm ein Lämmlein fromm.

Bald kommen auch gezogen fern
die Heilgen Drei König' mit ihrem Stern.

Sie knien vor dem Kindlein hold,
schenken ihm Myrrhen, Weihrauch, Gold.

Vom Himmel hoch der Engel Heer
frohlocket: „Gott in der Höh sei Ehr!“

Wisst ihr noch, wie es geschehen?

Hermann Claudius

Wisst ihr noch, wie es geschehen?
Immer werden wir's erzählen:
Wie wir einst den Stern gesehen
mitten in der dunklen Nacht.

Stille war es um die Herde.
Und auf einmal war ein Leuchten
und ein Singen ob der Erde,
dass das Kind geboren sei!

Eilte jeder, dass er's sähe
arm in einer Krippen liegen.
Und wir fühlten Gottes Nähe.
Und wir beteten es an.

Könige aus Morgenlanden
kamen reich und hoch geritten,
dass sie auch das Kindlein fanden.
Und sie beteten es an.

Und es sang aus Himmelshallen:
Ehre sei Gott! Auf Erden Frieden!
Allen Menschen Wohlgefallen,
welche guten Willens sind!

Immer werden wir's erzählen,
wie das Wunder einst geschehen,
und wie wir den Stern gesehen
mitten in der dunklen Nacht.

Spatzenjanuar

James Krüss

Weiß steht der Wald,
sagen die Spatzen,
und es ist kalt,
sagen die Spatzen.
Doch Eis und Schnee,
sagen die Spatzen,
tun uns nicht weh,
sagen die Spatzen.

Im Federkleid,
sagen die Spatzen,
sind wir gefeit*,
sagen die Spatzen.
Doch eins tut Not,
sagen die Spatzen:
Ein bisschen Brot,
sagen die Spatzen.

* gefeit = geschützt, sicher

Die Frösche

Johann Wolfgang von Goethe

Ein großer Teich war zugefroren,
die Fröschlein, in der Tiefe verloren,
durften nicht ferner quaken noch springen,
versprachen sich aber, im halben Traum,
fänden sie nur da oben Raum,
wie Nachtigallen wollten sie singen.

Der Tauwind kam, das Eis zerschmolz,
nun ruderten sie und landeten stolz
und saßen am Ufer weit und breit
und quakten wie vor alter Zeit.

Das dicke Ei

Werkstatt für Bücherwürmer
Ob er wohl lesen kann?
So ist es besser.
Jux
Witze
Jnfos
Spielen
Raten
Lesen
Knobeln
Ich hätte da was für ihn.
Das Leben der Würmer

Kleine Sachen zum AUCH-SO ähnlich MACHEN

Wenn du neben auf vor stellst,
wenn du oben über neben stellst,
wenn du unten auf oben stellst,
wo ist dann unten?

Kleiner Unsinn

Gottfried Herold

Wernichtrichtiglesenkann
fangnochmalvonvornean
dennichschreibehierdieworte
andersalsmanseuchgelehrt
zwarnichtunbedingtverkehrt
sonderneinfachaneinander
dassmansienichtgleicherkennt
auchwennihrdasunsinnnennt
docheinkleinerunsinnmacht
dassmangerndarüberlacht.

Rätselspaß mit Tieren

Tort**ente**ig

F**lamm**e

Wald

R**adler**

G**esel**le

K**affe**esahne

K**eule**

Malv**ente**e

D**reh**stuhl

S**aal**

Wasserg**raben**

Medikam**ente**

Freund**schaf**t

Seeros**ente**ich

Bus**schaf**fner

W**affe**lbäcker

Wäschek**lamm**er

Briefwechsel eines Verreisten mit den Zurückgebliebenen

Hans Manz

Liebe Enkel!

Dachte eben an euch,
begann einen Brief.
Wie ihr seht,
stehen all seine Zeilen schief.
Denn, als ich anfing zu schreiben,
landete oben rechts auf dem Blatt
ein Marienkäfer und wollte bleiben,
brauchte auch Platz zum Hin- und
Hergehen.
Ich aber mochte ihn nicht vertreiben,
wohl wissend, ihr, just ihr,
würdet mich verstehen.

Herzlichste Grüße:
Euer Großvater

Rate mal, wer hier war und einen Brief an dich um dich herumgeschrieben hat! Gruß und Kuss

LIEBER GROßVATER!

HER ZLICHEN DANK
FÜR DEN BRIEF!
WIR H ABEN GELACHT!
UND DANN HABEN WIR UNS
AUSGEDAC HT,
WIE DAS GEWESEN WÄRE
M IT EINER FRECHEN FLIEGE
DIE HÄTTE ES ANDERS GEMACHT
WÄRE AUFGEFL OGEN
HÄTTE SICH WIEDER GESETZT
AUFGEFLOGEN G ESETZT
GEF LOGEN GESETZ T
BALD DA BALD DORT
UND S O FORT
WEIL FLIEGEN NIE STILLE STEHEN
UND ZUL ETZT
HÄTTE DER BRIEF DANN
SO AUSGE SEHEN.

HERZLICHE GRÜßE
MARCO UND ALEXANDER
UND DANIEL

Breitmaulfroschwitze

Ein Breitmaulfrosch hüpft über eine Wiese. Da begegnet ihm eine Kuh. Er schaut zur Kuh auf und fragt: „Wasch frischt dänn du?" Die Kuh antwortet: „Gras."
Da hüpft der Breitmaulfrosch weiter und trifft ein Pferd. Er fragt das Pferd: „Wasch frischt dänn du?" Das Pferd antwortet: „Gras."
Der Breitmaulfrosch hüpft weiter und begegnet einem Storch. Er fragt den Storch: „Wasch frischt dänn du?" Der Storch antwortet: „Breitmaulfrösche." Der Breitmaulfrosch macht ein ganz spitzes Maul und flötet: „Dü gübt es hür nücht."

Ein Breitmaulfrosch will sich fotografieren lassen. Der Fotograf denkt sich: „Das Vieh bekomme ich mit seinem breiten Maul niemals aufs Bild. Was mach ich da bloß?" Er überlegt kurz und sagt dann:
„Sagen Sie bitte Konfitüre, wenn ich Sie knipse."
Der Breitmaulfrosch sagt: „Isch rächt!"
Der Fotograf macht alles bereit. Er legt die Hand auf den Auslöser und ruft:
„Jetzt!"
Da schreit der Breitmaulfrosch: „Maarmälade!"

Alfons Schweiggert

Detlef Kersten

Magst du Überraschungen?

Dann lad doch einen Zauberer ein:
der zaubert dich dann winzig klein

und riesengroß und kugelrund
und längs gestreift und kunterbunt

der macht aus dir ein Bilderbuch
ein Ungetüm mit Seidentuch

der kann dich auch zum Holzschuh machen
zum Krallentier, zum Säbeldrachen

vielleicht wirst du zur Sofaecke
zum Gartenzwerg, zur Weinbergschnecke.

Na, fändest du das wirklich gut
oder fehlt dir dazu Mut?

Flunkerstunde

Insa Bauer

„Heute war's gut in der Schule!", erzählt Sarah. „Wir hatten Flunkerstunde." Mama und Papa wundern sich. „Flunkerstunde?" „Ja, jeder durfte etwas erzählen, was er sich ausgedacht hatte. Es konnte stimmen oder auch geflunkert sein. Die anderen mussten durch Fragen herausbekommen, was geflunkert war und was nicht. Das war wie ein Detektivspiel und manchmal ganz schön schwierig!" „Und was hast du geflunkert?" „Ich habe erzählt, dass ich ein kleines Meerschweinchen habe, schwarz, weiß und gelb gefleckt, und dass es Felix heißt." „Aber deine Freundinnen wussten dann ja sofort, dass das nicht stimmt", meint Papa. „Ich habe sie reingelegt. Sie dachten, dass es nicht stimmt." „Aber Anne war doch gestern noch hier", sagt Mama. „Ja, gestern! Aber heute stimmt es!" Sarah geht in den Flur und holt einen Karton. Als sie den Deckel öffnet, schaut neugierig ein schwarz-weiß-gelber Meerschweinchenkopf heraus. „Das ist Felix, ein Junges von Kais Florentine. Ist es nicht niedlich?"

Rätselgeschichte

Mäusewettlauf

Adelheid Böttger

Die Mäusekinder Toni, Milli, der wilde Otto
und die nette Anette wollen einen Wettlauf machen.
„Einen Riesenlauf“, sagt Toni.
„Einen Riesenwettlauf“, piept Milli.
„Einen Riesenslalomwettlauf“, schreit der wilde Otto.
„Quatsch“, sagt die nette Anette.
„Stellt euch lieber an den Start.“
Sie legen die Strecke fest und gehen an den Start.
„Anette macht nicht mit. Sie verwechselt immer ihre Beine“,
sagt der wilde Otto laut.
Anette steht neben ihm.
Aber sie geht vom Start nicht weg.
Start!
Der wilde Otto setzt sich sofort an die Spitze.
Ihm folgt Toni.
Hinter Toni rennt Milli.
Anette wirbelt gewaltig mit den Beinen und kurvt auf Platz 4.
Bei der großen Tanne stolpert der Verfolger der ersten Maus
über eine Wurzel und gerät ganz nach hinten.
Otto wird von dem Mäuschen, das nun dicht hinter ihm ist,
überholt. Stark!
Er versteht die Welt nicht mehr.
Da saust doch tatsächlich noch etwas Graues an ihm vorbei
und ruft: „Noch einmal stolpere ich nicht!“
Das letzte Wirbelmäuschen
holt auch mächtig auf.
Es überholt einen –
und noch einen
Läufer.
Da schaut sich
der erste Läufer um.
Oh weh!
Er prallt an einen
Stein und fällt um.
An ihm vorbei saust
die nächste Maus ins Ziel!
Wer ist es?

Scherzfragen

Welcher Lehrer gibt
die meisten Noten?

Was ist bei einer Maus groß
und bei einem Kamel klein?

Nur ich kann sagen,
was ich bin!

Es hängt an der Wand
ohne Nagel und Band.

Was ist groß wie ein
Elefant, wiegt aber nichts?

Welche Mauer ist nicht
aus Stein?

der Schatten eines Elefanten,
das Spinnennetz, der Musiklehrer,
die Schallmauer,
die Schraubenmutter,
das M, der Mund

Welche Mutter
hat keine Kinder?

Zahlenrätselgeschichte

Adelheid Böttger

Wenn du genau hinsiehst,
findest du acht Zahlen in
dieser Geschichte versteckt.

Die feinsten Kirschen
saßen an den oberen
Zweigen.
Dreist kletterte sie hinauf.
Sie lachte und schmauste.
Sie benötigte sechs Kilo,
ehe sie satt war.
Wer war das?
Fünfine Tausendschön.

Fliegen

Hans Gärtner

 Sie gern?
Nein, ich  nicht gern.
Das  macht mir keinen Spaß.
Seit mein Bruder
beim  verunglückte,
 ich nicht gern.
Soll , wer will.
Ich jedenfalls  lieber nicht.

Unser Land in Europa

Kennst du das?

Hermann-Oberth-Raumfahrt-Museum in Feucht

Weißt du, warum eine Rakete fliegt?

Wie viel wiegst du auf dem Mars?

Wie muss sich ein Astronaut schützen?

Im Hermann-Oberth-Raumfahrt-Museum in Feucht findest du Antworten auf diese und viele andere Fragen, die dich zum Thema Raumfahrt interessieren.

Du kannst überprüfen, wie viel du auf anderen Planeten wiegst. Auf dem Mars wiegst du zum Beispiel weniger, aber auf dem Jupiter wiegst du mehr.

Du darfst ein kleines „Raketen-Auto“ zum Rollen bringen. Die Luft, die aus dem Ballon strömt, treibt dein Fahrzeug an.

Im All befindet sich der Astronaut im luftleeren Raum. Um in dieser feindlichen Umgebung überleben zu können, muss er einen Schutzanzug tragen.

Die Erfindung des Hermann Oberth

Kaum zu glauben, aber wahr! Die Raumfahrt begann schon vor etwa 100 Jahren.

Damals, in den Jahren 1905 und 1906, las ein 11-jähriger Junge namens Hermann Oberth die Bücher *Von der Erde zum Mond* und *Reise um den Mond* von Jules Verne. Er war begeistert von der Idee, dass Menschen in einer riesigen „Kanone“ auf den Mond fliegen könnten. Aber er erkannte schnell, dass es nicht möglich sein würde, mit einem solchem Geschoss auf den Mond zu reisen.

Deshalb nahm er sich seinen Rechenschieber und überlegte lange, wie eine Mondfahrt gelingen könnte. Noch als Schüler zeichnete er die ersten Pläne für seine Lösung: die Rakete.

Als Erwachsener arbeitete er weiter an seiner Erfindung.

Zusammen mit anderen Technikern entwickelte er Raketen, die dann tatsächlich ins All starteten. Hermann Oberth gilt daher als Vater der Raumfahrt.

Um Hermann Oberth zu ehren, wurde 1971 in seinem Heimatort Feucht bei Nürnberg ein Raumfahrt-Museum eingerichtet.

Dort sind Modelle von Satelliten, ein echter Astronauten-Anzug und viele andere interessante Dinge zu sehen. In der Ausstellung befindet sich sogar ein Antriebsstück der Rakete *Europa 1.*

Kinder können selbst ein „Raketen-Auto“ bauen, jede Menge Experimente machen und im Raumfahrt-Kino spannende Filme über die Raumfahrt anschauen.

Am Ende eines Besuches wirst du vieles verstehen, was dich als junger „Raumfahrt-Techniker“ schon immer interessiert hat, zum Beispiel, welcher Planet der Sonne am nächsten ist und welcher am weitesten von ihr entfernt liegt.

Mit dieser Eselsbrücke kannst du es dir leicht merken:

Mein **V**ater **e**rklärt **m**ir **j**eden **S**onntag **u**nsere **n**eun **P**laneten.

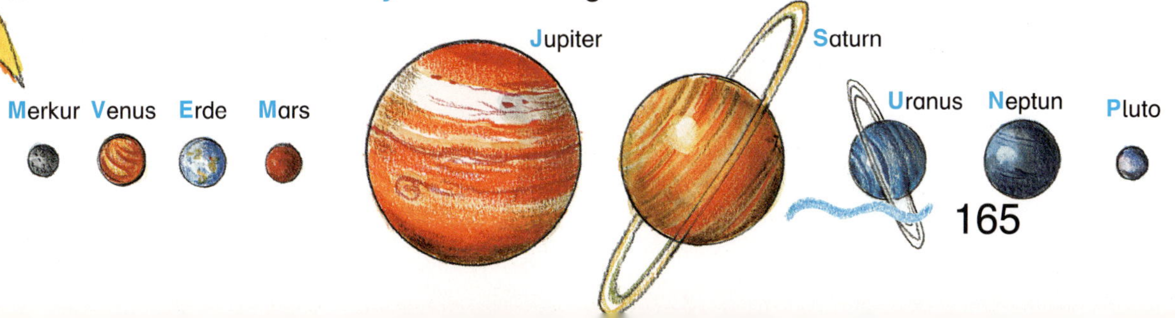

Wie sagt ihr?

Wolfgang Menzel

Ein Tag in der Schule	*(Hochdeutsch)*
A Tag en dr Schual	*(Schwäbisch)*
A Dach in dr Schul	*(Main-Fränkisch)*
A Dog in da Schui	*(Oberbayerisch)*

Hineingehen
Neigau
Neigeh
Einigeh

Hinaufgehen
Naufgau
Naufgeh
Auffigeh

Hinhocken
Nahocka
Hihockn
Hihocka

Schreiben
Schreiba
Schreibm
Schreim

Lesen
Leasa
Lesn
Lesn

Frühstücken
Brotzeita
Frühstickn
Kafä dringa

Herumlaufen
Romlaufa
Rumlaffn
Umanandalafn

Träumen
Treima
Dramn
Dramma

Wieder nach Hause gehen
Me hoigau
Widda ham geh
Wieda hoam geh

Auszählverse

Nicke, nacke Nuss
ond du bisch duss.
Aus Schwaben

One, two, three, four, five,
I catch a little fish alive.
Six, seven, eight, nine, ten,
but I let him go again.
Aus Großbritannien

Resei mit'm Besei
kihr's Ofaloch aus,
und wennst as ned
sauber machst,
hau i di naus.
Aus Oberbayern

Cuatro patas
tiene un gato
una, dos, tres,
cuatro.
Aus Spanien

Eins, zwei, drei,
du bist frei!
Uno, due, tre,
che vai via te!
Un, deux, trois,
c'est à toi.
Aus der Schweiz

Alla larga
alla stretta
Pinocchio
in bicicletta.
Aus Italien

Michala, Michala,
wetz dei Sichala,
göih mit mia ins Groos,
göih ned z'weid ins
Hölzla nei,
sunst frisst die glei da
Hoos.
Aus Franken

Bir, iki, üç, dört, beş,
altı, yedi, sekiz, dokuz, on,
kırmızı don,
gel bizim bahçeye kon.
Aus der Türkei

Englisch: Eins, zwei, drei, vier, fünf, ich habe einen lebendigen Fisch gefangen. Sechs, sieben, acht, neun, zehn, aber ich lass ihn wieder frei.
Spanisch: Vier Pfoten hat ein Kater, eins, zwei, drei, vier.
Schweizerisch: Eins, zwei, drei, du bist frei! Eins, zwei, drei, ich komme zu dir! Eins, zwei, drei, du bist dran.
Italienisch: In der Länge, in der Enge, Pinocchio mit dem Fahrrad.
Türkisch: 1, 2, 3, 4, 5, 6, 7, 8, 9, 10, rote Unterhosen landen in unserem Garten.

Woher kommt der Name Europa?

Nach einer alten Sage lebte vor über 3000 Jahren der König Agenor in Phönizien. Das ist ein Land in Asien. Er hatte eine schöne Tochter. Die hieß Europa. Sie war so schön, dass sich der Göttervater Zeus in sie verliebte.

Eines Tages tanzte Europa fröhlich mit ihren Freundinnen auf einer Wiese nahe am Meer. Der Göttervater Zeus sah sie, verwandelte sich in einen Stier und stieg vom Berg Olymp herab. Friedlich lief er zu den spielenden Mädchen. Übermütig setzte sich Europa auf den Rücken des Tieres. Beide tollten herum. Der Stier ließ sich das gern gefallen, nutzte die günstige Gelegenheit und lief mit dem Mädchen davon. Er stürzte sich in das Meer und floh mit ihr bis nach Kreta. Dort nahm sie der Gott Zeus zur Frau. Der Teil der Welt, in den der verliebte Gott sie entführt hatte, heißt seither Europa. Aus der Sicht der Phönizier war es das Land, wo die Sonne untergeht, das Abendland.

Wie geht es dir?

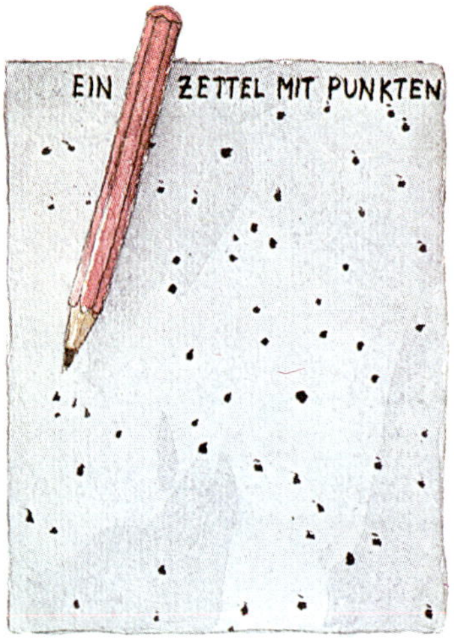

Dies
ist ein
Bildgedicht
von Bernd Henning.

Kannst du ein
ähnliches Gedicht
schreiben und malen?

Verzeichnis der Verfasserinnen und Verfasser, Quellenverzeichnis

Unbekannte und ungenannte Verfasserinnen und Verfasser

Die Namen in unserer Klasse 9
Originalbeitrag.
Die Erfindung des Hermann Oberth .. 165
Originalbeitrag.
Ein Breitmaulfrosch hüpft über eine Wiese 158
Originalbeitrag.
Karton-Theater 42
Originalbeitrag.
Kennst du das? 164
Originalbeitrag.
Kurban bayramı 140
Originalbeitrag.
Lieber Herr Auer 106
Schülertexte.
Osterbräuche 137
Originalbeitrag.
Rätselspaß mit Tieren 155
Originalbeitrag.
So hießen Kinder früher 9
Originalbeitrag.
Scherzfragen 162
Aus: Waltraud Pröve (Hg.). Scherzfragen, Drudel, Blödeleien. Niedernhausen: Falken 1980/1985.
Sur le pont d'Avignon 37
Text und Melodie aus Frankreich überliefert.
Und was bedeutet Glück für dich? .. 49
Schülertexte.
Wie geht es dir? 169
Originalbeitrag.
Woher kommt der Name Europa? ... 168
Originalbeitrag.
Wo Tiere wohnen 84
Originalbeitrag.
Zum Muttertag 138
Originalbeitrag.

Verzeichnis zusätzlicher Bildquellen

S. 9 o.: Archiv.
S. 9 u.: Foto Steinborn, Kamenz.
S. 19: Janusz Grabianski: Die Bremer Stadtmusikanten (1962). © Carl Ueberreuter, Wien.
S. 42: Ursula Schwarz.
S. 47: © Michael Seifert.
S. 56: Klasse der Volksschule Rudelzhausen. Elvira Gürtner.
S. 57: Archiv.
S. 69: Archiv.
S. 77: Alte Buchillustration.
S. 83: Franz Marc: Rehe im Wald II. (1914). Karlsruhe Staatliche Kunsthalle. Artothek.
S. 84 o.: Reinhard-Tierfoto.
S. 84 u.: Pott/Okapia.
S. 85 o.: Partsch/Silvestris.
S. 85 u.: Wothe/Silvestris.
S. 91: Bußhoff.
S. 94: Tönnies.
S. 95: © Janosch film & medien AG, Hamburg 2001
LAMM GmbH, Hamburg.
S. 99: © dpa. Deutsche Presse-Agentur GmbH. Bilddatenbank.
S. 100: Archiv.
S. 101: Photo Deutsches Museum München.
S. 104: Frauke Tönnies.
S. 106: Klasse der Volksschule Langenbach. Elvira Gürtner.
S. 107: Martin Auer. © Alexa Gelberg.
S. 109: Beate Speck-Kafkoulas.
Aus: Martin Auer: Der bunte Himmel. © 1995 by Gabriel Verlag in K. Thienemanns Verlag, Stuttgart – Wien.
S. 110, 113, 114, 115: Fotos: Helga Schön.
S. 119: © Isolde Ohlbaum.
S. 133: Foto: Thomas Pfündel. © Falken-Verlag.
S. 135: Kinderbild.
S. 137 m.li: Lisa Bahnmüller.
S. 137 m.re: Dr. Wilfried Bahnmüller.
S. 137 u.li: Dr. Wilfried Bahnmüller.
S. 140, 141: Privat.
S. 142: Foto: © Tele-Bunk, Berlin.
S. 149: Kinderbild.
S. 163: Privat.
S. 164 m.li: © NASA.
S. 164 u.li: © Hermann-Oberth-Raumfahrt-Museum e. V., Feucht.
S. 164 m.re: Privat.
S. 168: Archiv.

Die Seiten 10–18, 20–31, 34–45, 48–55, 59–73, 79–81, 90, 116–117, 164–165, 167 und 169 gestaltete *Angelika Çitak*. Die Seiten 86–89, 131–152 wurden von *Maren Briswalter* und die Seiten 153–162 wurden von *Michael Schober* illustriert.